新世紀民法学の構築

民と民との法を求めて

池田真朗

Masao Ikeda

慶應義塾大学出版会

法学部最終講義 風景

読者へ

どうか、「法律は難しい、面白くない」という先入観を捨てて、本書をお読みください。これは、法律学の講義録ではありますが、一人の民法学者の足跡の記録であり、メッセージ集です。貴方がどこか一行でも、この本を読んでよかった、と思える文章を見出せたとしたら、本当にうれしく思います。

はしがき

本書は、私が慶應義塾大学の六十五歳の定年を迎えるにあたって、法学部教授、および併任した大学院法務研究科（法科大学院）教授として行った最終講義・講演の記録である。

「最終」の講義・講演がいくつもあるのはおかしい、というご意見があるかもしれないが、私は、法学教育には、導入教育、専門基幹教育、専門展開教育、職能教育（法科大学院での教育）という段階があり、その段階ごとに内容も方法論もはっきり異なるべきものであると考えてきた（さらに市民教育ないし教養教育というものもある）。そこで講義もその段階ごとに工夫して、またそれに合わせた教科書や補助教材を出版しながら実施してきたのである（その段階的法学教育論は、日本学術会議の会員・法学委員長として取りまとめに関与した報告書「大学教育の分野別質保証のための教育課程編成上の参照基準：法学分野」（二〇一二年）にも反映させている）。

そこで、そのそれぞれの教育段階ごとに、最後の講義・講演をする機会を設けて、一九七五年に法学部助手に就任して以来、ちょうど四十年間、一貫して続けてきたこの慶應義塾での研究・教育活動に、自分なりの締めくくりをつけ、あわせてこれらの講義・講演の全体で、ささやかながら一法学者としての私の仕事の現時点での全容を明らかにしたいと考えたのである。

しかしお断りしておくが、私の研究・教育活動は、最終の到達点を迎えたわけではない。私自身、満足できる到達点が見えた実感もない。

ただ、まず言っておくべきことは、私は出発点から一貫して、法の規律や権威というものとは無縁の、市民一人一人の社会の中での行動、周囲の人々とのルール作り、に興味を持って、この民法学を探求してきたということである。

その視点を揺るがさずに、曲がりなりにも四十年の研鑽を重ねたところで、ようやく見えてきたものがある。それが、一つには、民法学を歴史の中で動態的に把握する視座、つまり世紀を超えて変わっていくものとなお変わらないものの見極めであり、もう一つが、あるべき民法学というものを理解し位置づける視点の獲得、いわば現代民法学の座標軸の発見というべきものである。そこでは、右に述べた人々の行動の観察や想像力というものが重要なキーワードになる。そして、三つ目が、私は何のために、誰のために民法を研究するのかという、民法学の究極の目的である。そしてそれらによって、ようやく自分が民法学者として何を意識して、どういう民法学の確立を目指してきたのかがおぼろげながらつかめてきたように思うのである。

慶應義塾大学の法学部においては、定年退職後は一切慶應義塾の教壇に立たない、という伝統がある。ことに私が教えを受けた先生方に関しては、それは非常に徹底していた。昨今では、著名な私立大学が軒並み七十歳定年制（あるいはそれ以前に定年を設定していても七十歳までは特任教授として雇用を継続する）を採用する中で、慶應義塾は六十五歳定年制を堅持し、一般には特任教授としての雇用延長の制度もない。

したがって、私も師らのひそみに倣って、この教壇を去る。二〇一五年四月からは、創設からかかわった新しい武蔵野大学法学部での仕事に入る予定である。

私は、大教室の民法の講義を、しばしば「今日は大勢のお客様に来ていただいて有難うございます」という挨拶から始めてきた。それは、私が長年強く意識してきた、教壇の高みから権威主義的に講義をするのではなく、受講者の目線に立って授業をするという考え方の現れであった。実際、私は「大教室双方向授業」と銘打って、四〇〇人を超える大教室の授業でも、ワイヤレスマイクを二本持って受講者の席の中に入って行き、質問をしながら講義を進めるという形式を自分なりに確立したつもりである。実は私はこの「大教室双方向授業」が軌道に乗った還暦の頃から、毎週の授業が楽しくて仕方がなかった。そして、法科大学院における少人数のソクラテスメソッド授業では、また違ったレベルの質疑応答のやり取りを楽しんできたのである。

そのような次第であるから、聴いてくださるお客様が異なれば、お別れのご挨拶も異なる。「どうしても伝えておきたい一言」も異なるのである。そして、それぞれの講義の受講者への異なった内容・異なった視点での最終講義・講演が、全体として私の求めてきた民法学の方向性とありようを、さらには私なりの教育理念というべきものを、その輪郭だけでも示すものになっているとすれば、これに勝る喜びはない。読者の皆様には、どうか、そういう意図が達成できているか否かの「検証」をお願いしたい。

それが、あえて本書をこのような形で世に送る所以である。

なお、本書に収録した四つの最終講義・講演は、すべて完全公開で行った。巻末に付録とした卒業式教員代表祝辞も、保護者の方々も参列しておられる式場で話したものである。

最初の法学部最終講義「債権譲渡研究の四十年」は、私のライフワークとなった債権譲渡研究を中心とした債権総論の講義であるが、先述の分類でいうと、専門基幹教育から専門展開教育のレベルで話している。二番目の法科大学院最終講義「民法と金融法――わが法科大学院研究・教育の軌跡」は、法曹となる人たちを対象にした、私の名づけた職能教育のレベルということになる。一方、三番目の日吉最終講義「法学情報処理――民事法の文献検索・引用法と論文の書き方」は、導入教育から専門基幹教育のレベルになる。大学一、二年生、つまり旧来のいわゆる一般教養課程の学生を対象としているため、法律学の専攻者以外の人々にも理解していただけるように心がけて話しているものである。そして、最後の退職記念講演「わが民法学と国際活動――国連、フランス、ブラジル、カンボジア」は、私の研究会（ゼミナール）のOBOGの求めに応じて三月の週末に公開講演として行ったもので、法律学と関係のない市民の皆さんにも関心を持ってもらえる一般的な内容を含んでおり、専門教育のレベルに市民教育・教養教育の内容を加えたものと理解していただきたい。付録とした「二〇一三年度慶應義塾大学秋学期卒業式教員代表祝辞」は、文字通り、この学窓を巣立っていく人たちへのメッセージである。

出版に当たっては、慶應義塾大学出版会の岡田智武さんに大変にお世話になった。これまでの教科書や論文集でも頂戴した献身的なご尽力と合わせて、ここに深甚の御礼を申し上げる。お世話になる機会がまだまだ続くことも念じつつ。

二〇一五年三月

池田真朗

目　次

収録の講義・講演

法学部最終講義「債権譲渡研究の四十年―私の民法学」
（二〇一五年一月二〇日二限、於三田キャンパス西校舎ホール）

法科大学院最終講義「民法と金融法―わが法科大学院研究・教育の軌跡」
（二〇一五年一月一九日二限、於三田キャンパス南館２Ｂ41・42番教室）

日吉最終講義「法学情報処理―民事法の文献検索・引用法と論文の書き方」
（二〇一五年一月九日二限、於日吉キャンパスＪ14番教室）

退職記念講演「わが民法学と国際活動―国連、フランス、ブラジル、カンボジア」
（二〇一五年三月七日一五時、於三田キャンパス517番教室）

付　二〇一三年度慶應義塾大学秋学期卒業式教員代表祝辞「卒業生に贈る言葉」
（二〇一三年九月一八日、於三田キャンパス西校舎ホール）

債権譲渡研究の四十年

——私の民法学

（法学部最終講義）

はじめに

ご紹介いただきました池田真朗です。大石学部長、武川先生、ご懇切なお言葉をありがとうございました。本日は、私の慶應義塾での最終講義ということで、いつもの五一七番教室ではなく、以前五一八番と称していた、三田キャンパスで一番大きいこの西校舎ホールを使わせていただくことになりました。また、この最終講義を公開とさせていただきましたが、本来の現役履修学生のほかに、塾法学部、大学院法務研究科の先生方をはじめ、他大学の先生方、三田法曹会の先生方、さらに卒業生の皆さん、また私の学外での研究会活動等でご一緒している実務家の皆様方にも多数ご出席いただきまして、有難く厚く御礼申し上げます。

この時間は、講座名でいうと私の「民法（債権総論）Ⅱ」の最終回ということになります。今年は前回まででひととおり全範囲の講義を終えておりますので、今日は、私の四〇年にわたる民法債権法研究全般を振り返りながら、とくにその中心テーマとなった債権譲渡研究に焦点を当てたお話をしたいと思います。内容は、研究方法論から一連の判例法理の分析、さらに近年の動産債権譲渡特例法や電子記録債権法の立法まで、多岐にわたります。もちろん、受講している学生諸君にとっては、本日解説を加える部分は、当然後期試験の範囲に入るということになります。通常の講義では、使用している私の教科書『新標準講義民法債権総論』を頁順に進んでいくわけですが、今日は私の研究の進展の順序に再編成してお話しすることになります。

ただ、債権譲渡だけで私の研究は現在全四巻の論文集になっておりまして、その細部にわたるご紹介は一回の講義ではとてもできません――ちなみにここにお目にかけるのが、本日の記念に出版元の弘文堂が制作してくださったその四巻の総革表装版です――。けれども、この債権譲渡というものは、民法全範囲の中でも、おそらくこの四半世紀ほどで見た場合に、最大の発展を遂げた分野であろうと申し上げられますので、その、二〇世紀から二一世紀にかけての債権譲渡取引の変容・発展と、それに伴う研究の展開のダイナミズムをお伝えできれば幸いと思っております。

なお、この債権総論は、普段の講義室である四六〇人収容の五一七番教室では入りきれない可能性があるということで、この大ホールになってしまったので、いつも行っている、マイクをもって諸君たちの席に入っていって質問をしながら進める大教室双方向授業ができない状況ですが、どうかご了承ください。

自己紹介――債権譲渡研究への伏線

さて、なぜ債権法ことに債権譲渡の研究にとりついたのかというあたりにかかわりますので、最初に若干私の自己紹介を兼ねたお話をさせていただきます。

私は、慶應義塾大学の経済学部から法律学を志し、経済学部三年生で法学部の内池慶四郎先生の研究会（ゼミナール）に入れていただき、大学院修士課程から法学研究科民事法学専攻に進み、博士課程まで終えたという経歴を持っている人間です。結局卒業学部は経済学部ということで、いまだに日本では例の少ないケースであろうと思います。

どうしてこうなったか、ということですが、そもそも私は、大学に入る前から、将来の職業として大学の研究者になることを決めていたという人間だったのです。ただ、もともと考えていた専門は文学でした。それが、学生運動の最も激しかった年に結局経済学部に入ることになって、経済のどの分野で研究者になろうかといろいろ勉強してみたのですが、これは初学者の未熟さゆえと思いますが、近代経済学の費用極小、利潤極大というテーゼがどうしてもなじめなかった。経済学部の先生には申しわけないのですが、人間は皆がそういう行動をするはずはないだろう、もっと生身の人間が見える学問がしたい、と思ったのです。

それでいろいろな学部の授業をもぐって聞いているうちに、これだと思えたのが民法だったのです。ですから、ここが大事なポイントかと思いますが、私の民法への関心は、最初から、法律の規則とか権威とかというものとはまったく無縁なのです。人が社会の中でどうやって生きていくのか、その場合に周囲の人とどういうルール作りをしていくのか、という関心からこの学問を選択しました。そしてその観点は現在までずっと変わっていません。

さて、その民法に興味を持ったのには、当時経済学部の二年生配当の法学を担当してくださっていた法学部教授の髙鳥トシ子先生、旧姓林脇トシ子先生が、法学と言いながら、かなり詳細な民法の講義をしてくださったのが大きかったのです。そこで、二年生の終わりに髙鳥先生に進路相談を申し上げて、その時の先生のお言葉に力を得て三年生から実質的には法律の学生のような勉強をしておりました。ただそうは言っても経済学のほうで卒業単位も充足しなければいけませんので、一方で経済学部で履修できる法律科目を全部取り、ゼミも自由科目の扱いでしたが卒論も書き、他方で経済の単位もそろえるということで、ほとんどの友人が二、三科目の履修ですむ四年生の時に一二科目も履修していました。

好きで選んだ道とはいえ、今の学生諸君にはあまり薦められるやり方ではありません。ただこの経歴というかそこで学んだ経済学の考え方が、今日お話しする債権法の勉強、ことに私のライフワークとなった債権譲渡の研究にとって、かなりプラスに働いたということは申し上げられます。

もうひとつ申し上げると、最初に志した文学の道にもいささか心が残っていたものですから、フランスの詩などを原書で読みたいと考えて、第二外国語は迷わずフランス語を選択していました。そしてこのことも、法律学に進むことになった私に決定的な幸運をもたらすことになるのです。

そのあたりのことを、これから研究テーマ選択のところでお話しします。

債権譲渡というテーマ選択

学部ゼミ以来の指導教授となってくださった内池慶四郎先生は、ドイツ法のご専門で、時効や意思表示・法律行為をご研究の中心としていました。ただ、その学位論文である『出訴期限規則略史』に示されるように、法制史というか立法沿革に関心を持たれ、立法者意思を重視する解釈論を展開しておられました。

内池先生を選んだのは、林脇先生の入ゼミ選考が筆記試験であったのに対し、内池先生のところは論文だったので、時間をかけて準備すれば何とかなるのではと思ったというのが最も大きな理由ですが、当時の法学部の先生方を知るために図書館で慶應義塾大学法学部の紀要である「法学研究」の論文を中身がわからないまま手当たり次第に読んで、文章の一番気に入った人を選んだところ、それが内池先生であったという幸運もありました。

その内池先生が、研究者志望を伝えた私にこうおっしゃるわけです。「私は、ボワソナード旧民法からフランス民法とさかのぼって研究したいのだが、ドイツ語でやってきたのでそこがネックになる。君はフランス語でやってきたのだからそういう研究をしてくれないか。」

これはもう渡りに船のお話でありまして、私は卒業論文の段階から、日本民法の中で、フランス民法からボワソナード旧民法を経由して入ってきている条文を探してテーマにしようとしたわけです。

ボワソナード旧民法

この講義ではすでに簡単にお話ししてありますが、日本における最初の近代民法典は、ボワソナードが起草した旧民法典です。これが実際に明治二三年（一八九〇年）に公布されているのですから、日本の最初の民法典です。ただ、正確に言うとボワソナードが起草したのはその財産法部分だけです。家族法の部分は、日本人委員が起草しています。ボワソナードは、質問を受けて意見を述べたりしたことはあったようですが、最初から家族法部分は起草の委託を受けておらず、正式の起草作業にはかかわっていません。このあたりは、二〇一三年に松山大学のシンポジウムで詳細な報告をしてあります[1]。

このボワソナード旧民法典が公布後、例の法典論争があって施行延期になり、穂積陳重、富井政章、梅謙次郎の三名によって現在の日本民法典が作られるわけです。ご承知のように、家族法の部分は戦後昭和二二年（一九四七年）に大改正を受けていますが、財産法の部分は、部分的に修正はされているものの、ほとんどがその明治のときのままです。もっとも、当初は文語体のカタカナ混じりの文章で書かれていたのですが、平成一六年（二〇〇四年）に現代語化されて、ひらがな、口語体の条文になっています。ちなみに、この民法現代語化は、当時の星野英一東京大学教授を座長とする八名のメンバーで原案を作ったのですが、私もその中の一人です[2]。

さて、話の本筋に戻ります。この三名の日本人起草委員は、当時最新の立法作業であったドイツ民法典作りを参考にして、作業をしたわけです。ただこれも正確に理解してください。当時ドイツではまだ民法典はできていません。ちょうどその第一草案が出されたところで、三名の起草委員は主としてこの第一草案を参考にしました。学者の研究では、第二草案も一部参照できたようです。それで我が国では、フランス民法の影響を受けた旧民法が廃止されて、ドイツ民法の影響を受けた現在の民法典に作り直された、という理解が流布したわけです。

けれどもここも正確に知っていただきたい。穂積ら三名の日本人起草委員は、明治政府からどういう命を受けたのか。新しい民法典を作れと言われたか。そうではありません。「既成法典」、つまり既に成立している旧民法典のことですが、この「既成法典ノ修正ヲ命ズ」と言われたのです。ですから、編別もインスティチューティオネンからパンデクテンに直されて、外見的にはドイツ民法の圧倒的な影響を受けたかのように見えるのですが、三起草委員は、明治二九年（一八九六年）に公布された日本民法典においても、個々の条文については、ボワソナード旧民法の規定をかなり残しています。したがって、大まかに見て、日本民法典にはフランスないしボワソナードの影響とドイツの影響とがほぼ半々にあるというのが正しい見方だろうと思います。

日本民法典に与えたフランス民法の影響

さて、私のこの研究テーマ探しの段階では、東京大学の星野英一先生の「日本民法典に与えたフランス民法の影響」という論文、これは最初に日仏法学という学会誌に載ったものですが、これが大変参考になりました(3)。それまで大正から昭和の日本の民法解釈学においては、漠然とした形で全体にドイツ民法学移入の傾向が強くあったところに、この星野先生の論文は、一条一条、継受関係を調べて、具体的にどの条文にフランス民法の影響が強いのかを検証したものだったのです。

その星野先生の手法を真似て調べていくと、こういうことがわかりました。全般的に言うと、民法総則の部分は比較的ドイツ法の影響が強い。これに対してフランス法およびボワソナード旧民法の影響が濃いのが債権総論なのです。とりわけ、決定的にフランス型、という制度が二つ見つかりました。それが、四七八条の債権準占有者に対する弁済の規定と、四六七条以下の指名債権譲渡の規定だったのです。

債権準占有者に対する弁済と債権譲渡

なぜこの二つが決定的にフランス型かというと、四七八条の債権準占有者に対する弁済、つまり債権者ではないけれど誰が見ても債権者らしい外観を持った人に支払った弁済は有効とする規定は、フランスにあってドイツにないのです。ドイツには、日本民法典四八〇条の、受取証書持参人に対する弁済の規定、つまり真の債権者でなくても受取証書を持参した人に対する弁済を有効とする規定があって、逆に債権準占有者に対する弁済はないのです。つまり、フランスでは、債権占有possession de créanceという用語になりますが、人の外観、ことに法的な資格としての外観への信頼に着目する規定を置き、ドイツは、弁済受領権限を紙に乗せて、持ってきた人が誰であってもその紙への信頼に着目する規定を置いたというわけですから、いわばこの二つは天と地ほどの発想の違いがある。それを明治民法の起草者の一人である穂積陳重（この部分の分担起草者）が両方とも取り込んだのです。したがって四七八条は完全にフランス法的な規定であってドイツにはない。

また、四六七条の債権譲渡の対抗要件についても同様にはっきりしています。日本は債権譲渡についてフランス型の債務者への通知または債務者の承諾という対抗要件を採用しました。ちなみに、物権変動のところも日本はフランス型の対抗要件主義を採っています。これに対してドイツ民法では、物権変動についても物権行為を観念して登記が効力要件に近くなるという、仏日と異なった方式を採用しているのはご承知の通りですが、債権譲渡についてもドイツ民法は、そもそも対抗要件主義を採用していないのです。譲渡行為だけで債務者や他の第三者にも債権譲渡のあったことを主張でき、譲渡を知らない債務者に対しては、二重払いなどの不利益が生じないように、いくつかの個別規定を置くという、まったく異なったやり方をしています。したがってここも日本民法はフランス型であってドイツ型ではないと断言できるわけです。

ですから、私は学部の卒業論文を準備する段階で、研究テーマを債権準占有者に対する弁済と債権譲渡との二つに決めたというわけです。

そして実際には、卒業論文と修士論文では、内池先生の優れたご業績「債権の準占有と受取証書」[4]もあった債権準占有者に対する弁済をテーマとして書きました。このとき修士一年で大学院論文集に活字にした私の最初の論文「民法四七八条論序説」[5]は、後に法政大学の総長になられる下森定先生が、法学セミナーのご論考で引用してくださいました。最近になって、私のボワソナード研究を集大成し、合わせて全国の学者の研究を紹介する一冊の本『ボワソナードとその民法』[6]をまとめた際にも、この論文は収録しております。そして、修士を終えて助手に任用され博士課程の院生も兼ねる身分になったところ（一九七五年）から、債権譲渡の研究を始めるわけです。したがって、慶應義塾の教員になって今年で丸四〇年、債権譲渡の研究も丸四〇年ということになりました。

四〇年前の一つの確信とそれを超える大発展

実はすでにその段階で、債権譲渡を研究テーマに選ぶについて私に確信を持たせることがありました。それは、当時民法学界を圧倒的に風靡していた我妻栄博士の『民法講義』という体系書、その中でも当時名著という評価の高かった『新訂債権総論』[7]の債権譲渡に関する記述が、これは五一四頁から五五四頁まであるのですが、ドイツ民法とスイス債務法だけを引いていて、フランス法を一か所も引いていないということでした。もちろんボワソナード旧民法についても全く言及がありません。先ほど申し上げたように、ドイツ民法と日本民法は、債権譲渡については基本的な主義・構造から全く異なっているのですよ。つまり私に言わせれば、比較法の最も直接的な利益というものが、解釈論への参考ということにあるのだとすれば、沿革的につながっている母法国の条文や判例・学説を参考にするべきなのであって、沿革的につながりのない、しかも全く異なった構造の規定を引いても、立法論の参考にはなっても、直接的な解釈論の参考にはなりがたいはずだ、ということなのです。ですから、第一人者の『新訂債権総論』を読み直すたびに、私にはこの分野には相当の論文を書ける余地があるはずだ、という確信にも似た思いがあったのです。

というわけで、私が債権譲渡の研究にとりついたのは、純粋に沿革的な解釈論の関心からだったのです。ところが、この債権譲渡というテーマは、その後大発展、大増殖を遂げることになります。それはテーマに選んだ私の想像をはるかに超えていました。そのあたりが本日の講義の中心になります。

債権譲渡研究の第一段階——沿革的解釈論の成果

そこで、私の債権譲渡研究の第一段階の沿革的な解釈論の成果からお話ししましょう。ただいまお話ししたように、債権譲渡の分野では、一九七〇年代に入ってもなお沿革的な研究が遅れていました。ということは、母法国の成果を取り込んでいないというだけなく、そもそもフランス型対抗要件の基本構造の理解が不十分であり、そこから導かれるはずの解釈論が確立していなかったという状況があったわけです。

そこで私は一番最初の、助手兼博士課程の院生という時代の論文で何をしたか。最初に取りついたのは、かなりマニアックな法制史の研究手法でしたが、現行日本民法の起草者（三名の起草者の分担起草合議定案で行われ、この部分は梅謙次郎）の、債権譲渡の対抗要件に関する民法四六七条の起草趣旨説明と、それに対応するボワソナードの旧民法財産編三四七条（ボワソナードの草案注釈書いわゆるプロジェ[8]では三六七条）の起草趣旨を読み比べるところから入りました。これは今の院生諸君にはもうポピュラーな研究手法になっているのですが、当時はまだほとんど皆無と言ってよかった。なぜか。最大の理由は、普通の民法研究者には資料が入手できないものだったから、です。まず現行日本民法典前三編には、公式の理由書に当たるものがないのです。それに代わるものは、法典調査会、今でいう法制審議会の議事録であろう。しかしこれも当時は一般の研究者には使えるものではなかった。今でこそ、立派な復刻版が流布していますが、それは昭和四〇年代にはまだ、日本学術振興会が作ったものが、法務図書館と、全国の主要七大学にしかなかった。謄写版でタイプされ、背皮表紙で製本されたものです。[9]これが慶應にありました。これを調べなさいとおっしゃったのは、法務図書館の書籍を整理して目録をつくられた、慶應義塾大学の明治法制史の泰斗、手塚豊先生です。私は大学院の修士課程で、内池先生から、法制史の手法を手塚先生に教わりなさいと指示されて、ほとんどマンツーマンで指導を受けていたのです。私はこの貴重な学術振興会版の、背表紙の皮がぼろぼろになりかけているものを、極力傷めないように注意しながら読みました。勿論この学術振興会版は、現在は慶應義塾大学図書館でも貴重書扱いになっています。

さらにプロジェと呼ばれるボワソナードの詳細な仏文の草案注釈書がありまして、これは一八八〇年代に立派な洋製本で博文社というところから出版されていたのですが、所蔵している大学図書館ではどこもほこりにまみれている状態でした。

これを読み比べて、民法四六七条がフランス民法一六九〇条からボワソナード旧民法財産編三四七条を経由して日本に継受された、しかもその継受関係が非常に明瞭な形であることを論証したのが第一論文「民法四六七条におけるボワソナードの復権」なのです[10]。なぜ復権かというと、研究の過程で、旧民法財産編の正文には、日本人委員の誤訳と思われるところがあり、梅謙次郎が、旧民法の正文よりもボワソナードの元の条文案のほうがいい、といってそちらを採用する部分があったから、そしてフランス民法そのままではなくてボワソナードのオリジナルな修正を日本民法が取り入れている部分があり、ボワソナードのプロジェはもっと高い評価で独立の研究対象として参考にされていいものだ、ということもわかったから、なのです。

このように、このスタート段階の私の研究関心は、沿革を徹底的に調べてそれを解釈論に反映させたいというところにあり、かつその研究手法は、旧民法、現行民法の条文とその起草趣旨を詳細に読み比べるという、かなり文献考証学のような手法も取り入れたものであったわけです。これこそ、手塚先生から教えていただいた、法制史学の研究手法の民法学への反映であったわけです。

そして第二論文「民法四六七条における一項と二項の関係[11]」では、同じ手法で、当時の通説が民法四六七条は一項が原則で二項が例外のように説明していたのを、フランス民法一六九〇条では通知に当たるのはもっと重い執達吏による送達なのであって、それを引いている第三者対抗要件は確定日付のある証書を使う二項であり、それを梅が債務者に主張する関係だけなら無方式の通知・承諾でもよいと要件を緩和したのが一項なのだから、いわば二項が原則で一項が例外だと論じたものです。

これら文字通り駆け出しの研究者の論文に対して、当時北海道大学の五十嵐清先生が、ご丁寧な感想を書いてくださり、「貴方の論文は推理小説を読むようでおもしろい」とおっしゃってくださったのが大いに力になりました。後に私はこの一項の債務者に対する対抗要件を、いわゆる権利取得の対抗問題に関するものではなく支払請求ができるというだけのものであるということで、権利行使要件と名付けますが[12]、この条文構造の理解が、今日の最後のほうでお話しする債権譲渡登記の理解にかかわってきますので、記憶しておいてください。

そして福澤基金でパリ第Ⅰ大学に留学して帰ってきた私は、債権譲渡の対抗要件の構造という論文[13]を書き学会報告をするわけですが、この、後に債務者をインフォメーションセンターとするという表現で多くの教科書にも書かれるようになった基本構造は、まさにあの昭和四九年三月七日の、この後お話しするいわゆる到達時説の判決を肯定し論拠を与える役割をする論文になったわけです。

判例と学説――「到達時説」判決の格付け

ただここでいわゆる「説」ないし学説のことを述べておかなければなりません。学生諸君、いつも言っていることですが、「私はA説、あの人はB説、判例はC説だけどね」などと言う学者がいたら、そういう教え方はよくありません。判例は、決して説を立てているわけではない。個別の紛争の解決に、条文だけでは足りない場合に、必要な判断の準則を作ろうとしているだけです。その判例の作った準則、判例法理に対して、学者が名前を付けているだけです。加えて言えば、教える順番も違う。条文はこう、判例はこう、これに対して私は別の説を立てている、というふうに、学説は出すのなら最後に出さなければいけない。学生を惑わせてはいけないのです。

昭和四九年判決は、「民法の規定する債権譲渡についての対抗要件制度は、当該債権の債務者の債権譲渡の有無についての認識を通じ、右債務者によってそれが第三者に表示されうるものであることを根幹として成立しているものというべきである」と説示した。そこに書かれたことは、私が調べてみたら、梅謙次郎が法典調査会で説明していたことであり、しかもそれは梅が考えたのではなくて、ボワソナードが言っていたことであり、さらにそれはフランス民法での一六九〇条の伝統的な説明であったことがわかった。だから、沿革的には、この債権譲渡の対抗要件は、債務者への問い合わせと、それに債務者が回答するかもしれない、という不完全な形ではあるけれど、債務者に情報を集めて、債務者をいわば生ける公示機関にすることによって、債務者抜きで譲渡人と譲受人とでできてしまう債権譲渡契約において、債務者に、正式な形で債権譲渡を知らしめることを第三者に対する対抗要件とする、つまり対抗要件と債務者の保護とを一つの手続きに載せているところがメリットなのです。その、条文にもともとあった基本的な発想を四九年判決は再発見して、だから債務者がいつ正式に知らされたのかが大事なのだ、ということで、確定日付の日にちではなくその確定日付のある通知の到達時が決め手なのだ、としたわけです。

ですから、四九年判決は、条文に内在していた価値基準を再発見したという意味で、格付けの高い判決と私は書いていますが[14]、私はそれを沿革的に証明した、というだけのことです。判例は、「到達時説」という「説」を新たに立てようとしたわけでは全くない。私も、その「説」に追随したというわけでは全くないことを理解しておいてください。

さあ、長くなりましたが、これで債権譲渡の対抗要件の基礎研究、沿革的考察を解釈論に反映させて、本来考えられていた規定の基本構想から解釈する、という方法論が一定の成果を得ました。私の『債権譲渡の研究』第一巻[15]は、この、対抗要件構造の解明に、四六八条の異議をとどめない承諾についての研究を加えたものです。この基礎研究をいわば武器にして、その後の第二段階の研究が進むことになります。

異議をとどめない承諾による抗弁の喪失

なお、今日は、四六八条一項の異議をとどめない承諾による抗弁の喪失、これもボワソナードのオリジナルな部分がある規定ですが、これについては十分お話しする時間が取れません。一言だけ言っておくと、私の四六八条一項についての二重法定効果説というのは、これもそういう「学説」を立てたわけではありません。沿革的な検討から条文解釈をすると、ボワソナードが考え（ボワソナードはこの承諾を意思表示と考えていました）、そして鳩山博士が言っていた、禁反言的な理解が一番近い。第一文で、たとえば弁済ずみの債権について譲渡したといわれて無留保で承諾してしまった債務者に、禁反言的に抗弁喪失のサンクションを与えて、その結果譲受人が保護される。第二文で、今度は（弁済されてなくなったはずの債権を譲渡するという）問題を作った譲渡人に対してサンクションを与え、債務者は取り戻しなどができる。これは二重の法定効果と呼ぶしかない、という理解を示しただけのことです[16]。

ついでに言うと、一時通説とされた我妻先生の公信力説は、これは、あえて言いますが、絶対におかしいです。なぜなら、現実に、譲渡契約の後に承諾をもらうケースも多々あるわけです。その場合には、異議をとどめない承諾があるから譲り受けた、という説明は成り立たないことは明白です。ですからそもそもここは公信とか外観信頼保護の問題ではありません。

債権譲渡研究の第二段階——二重譲渡の優劣基準

ここから先が、今や学生諸君にもよく知られている、一連の二重譲渡の優劣基準の判例の話になります。簡単にまとめておきますが、最初に先ほどの最判昭和四九年三月七日民集二八巻二号一七四頁が、二重譲渡で確定日付のある通知が二つ着いた場合は、日付の先後ではなく到達の先後で決める、とした。これは、日本のように、内容証明郵便でいくつも通知が出せる国では、内容証明郵便の確定日付は郵便局での受付時、つまり発信時の日付ですから、到達時のそれとは乖離するわけで、こういう判断をしなければいけない必然性があるわけです。ちなみにフランスの、執達吏つまり裁判所の執行官のような人がする送達の場合は、送達した時点の日付が公文書たる送達書に残りますから、こういう乖離の問題は起こらないわけです。

先ほどお話しした沿革研究から、私はこの四九年判決を高く評価したわけですが、ただし正確に言うと、四九年判決は、せっかくの確定日付ある証書という優劣決定のために採用した手続きを、添え物にしてしまった感は否めない。本当は、その到達時を確定日付のある証書で証明する、いわば到達時確定日付説、というものが一番正確なのです（わが国でも明治の初期にはその趣旨の判決があります）[17]。実際フランスのやり方ではこの形になります。したがって論文などではそのことも書いておきましたが、実務的にそれでは窮屈に過ぎると考えて四九年判決の判断に賛成したわけです。

ただ、それでは複数の確定日付のある通知が同時に着いた、ないしは到達の先後が不明である、というときにはどうするか。細かすぎるように思うかもしれませんが、実際にそんな事案が出てきて、最判昭和五五年一月一一日民集三四巻一号四二頁が、その場合は同順位の譲受人はいずれも一〇〇パーセントの権利者になるので、債務者はどちらからでも払えと言われたら払わなければいけない、という判決を出した。ただ、その場合、先にどちらかに払ったらもうひとりは分配請求とかができるのかなどというあたりをこの判決は一切触れなかったので、学者の評釈や論文がどっと出て、債権譲渡はこのあたりでようやく、民法学の一大争点などと称されるようになるのです。

実はこれは債権譲渡にとっては、物権変動と比較すると、物権と債権という民法上の二大権利の移転、と考えたら、非常に遅すぎる脚光であったといえます。それだけ、ローマ法の初期には債権は人と人とを結ぶ法の鎖とされて移転が認められなかったという昔々の沿革が響いているともいえます。

さて、そこで両方から払えと言われて困った債務者が、債権者不確知として供託をする。そうした場合に同順位譲受人がお互いに供託金還付請求権確認訴訟を掛け合ったケースでは、仕方がない、債権額で案分しなさい、と言ったのが最判平成五年三月三〇日民集四七巻四号三三三四頁で、ここで二重譲渡の優劣基準の判例法理形成は一段落します。

当時は私も一生懸命それらの評釈を書きました。(18) 学生諸君も判例百選などで一生懸命勉強してくれました。けれども、今思うと、学者や実務家が盛り上がったそれらの二重譲渡の論点は、大して褒められた研究ではなかったのです。それはどういうことか。

債権譲渡取引のパラダイムシフト——危機対応型取引から正常業務型取引へ

考えてみてください。一連の優劣基準の判例はなぜ出たのですか。そしてそれらを引き出した紛争はそもそもどういう紛争だったのですか。ということは当時の債権譲渡はどういう取引だったのですか。

昭和四九年判決から平成五年判決までの事案を見てみると、どれも結局、譲渡人に当たる人の資産状態が悪化して、多くの債権者から取り立てを受ける。ほかに返済の原資がないから、同一の売掛金債権を何重にも譲渡したり、さらにその債権が何人もから差押えを受ける。つまり、一本の債権を多数の債権者が取り合う、多重譲渡、多重差押えの紛争だったのです。したがって、確か椿寿夫先生のネーミングだったと思いますが、当時の債権譲渡は、経営が危うくなったときにする、危機対応型の取引だったのです。だからこういう債権譲渡について、どちらの譲受人が優先するかを事細かく論じても、それは、あまり世の中のためになる建設的な研究ではなかった、というわけです。またこの、到達と発信の乖離による優劣決定の混乱の問題は、内容証明郵便などで第三者対抗要件が取れる我が国特有の現象なのであって、厳格な執達吏による送達の手続きを対抗要件として規定しているフランスではまず起こりません（実際、フランスの先生には、そういうトラブルが起こる国で研究してくれ、と言われました）。

それが、平成年代に入ってから、債権譲渡は大きな変容を遂げます。正常に業務を行っている企業が、資金調達のために債権譲渡を用いるようになるのです。売掛金や賃料、リース料、クレジット料などの債権を活用して資金調達をする、いわゆる債権流動化として売却する手法や、債権譲渡担保として活用する手法が行われるようになります。つまり、ここで債権譲渡は危機対応型取引から正常業務型資金調達取引に、大きく変化するのです。私は川井健先生と田尾桃二先生が編集代表をされた論文集(19)で、これを債権譲渡のパラダイムシフトと呼びました。

つまりここで、債権譲渡は、後向きな、しかも一本の債権を取り合う債権譲渡ではなく、前向きな、大量の債権を計画的に譲渡する大規模な資金調達取引に転換していくわけです。これが、必然的に多数の新しい研究を必要とするものになることは、お聴きになっている皆さんにも容易に想像がつくことと思います。沿革研究からとりついた私にも到底読み切れていなかった、大増殖の始まりでありました。

債権譲渡研究の第三段階――資金調達取引への汎用

図式的に整理すると、ここでは、実務と行政の問題関心は、まず、大企業の行う債権の流動化のほうから始まります。そして、中小企業の行う債権譲渡担保へと広がっていくわけです。ちょうど平成年代に入ったあたりからのことです。五〇〇個とか一〇〇〇個という規模の大量の債権を譲渡して資金調達をする場合、ネックになるのは何ですか。個々の債権譲渡の第三者対抗要件を具備するのにたとえば内容証明郵便を債務者の数だけ送らなければならない、という手間と費用の問題なのです。

それなら対抗要件具備はしないでサイレントでやればいい、と反応する方、後でお話しするように、中小企業が債権譲渡をしていることを知られたくないからサイレントにするという話はありました、けれどここではそれと混同しないでください。いわゆる金融法の世界に入っていくのでここでは詳しくは述べませんが、しっかりした企業が資金調達のために大量に債権を譲渡する。買うのは投資家です。対抗要件を取らなければ、仮にその債権に差押えがかかってくると譲受人は差押債権者に負けてしまうので、そういう債権では投資家はリスクが大きいから買わない。だから、対抗要件は具備する必要がある。さらには倒産隔離などの手法をとるのですが、そこまではここでは触れません。

そこで平成五年に当時の通産省、現在の経済産業省が、自省で管轄するリース業界、クレジット業界限定の、特定債権法という法律を作り、新聞広告で公示に代えるということにした。しかしそれではいかにも債務者への通知としてはフィクションに過ぎる。そもそも業界限定の流動化促進法というのが適切ではなかろう、ということで、法務省が新しい民法の特例法を作ろうとした。このとき民事局長のもとに作られた原案作りの研究会に参加したのが、私と立教大学の角紀代恵先生であったわけです。

債権譲渡登記の創設

そして出来上がるのが、平成一〇（一九九八）年の債権譲渡特例法です（後でお話しするように、平成一六年から動産債権譲渡特例法になります)。ここで、債権譲渡登記というものが創設されます。多数債権の譲渡記録をひとつの磁気ファイル、つまり今でいえばUSBなどに入れて、中野にある東京法務局に持参または郵送して、これは現在ではオンライン申請もできますが、法務局のコンピューターに記録してもらえれば、第三者対抗要件が取れる、というものです。これは、わが国の登記の電子化の第一号ともなりました。しかも、一つの登記で、譲渡債権の個数五〇〇〇個まで、現在七五〇〇円でできます。内容証明郵便は、文字数で変わりますが、一通二五〇〇円程度です。

これは、国の電子化政策の中でも非常に成功した制度で、最近の利用実績は、最新のものまで法務省からいただきましたが、ピークの二〇一二年ですと、登記件数が一年間で一万二六一一件、債権の個数では九二六九万三五九〇個という膨大な数になっています[20]。只今説明したように、当初の目的は多数債権の流動化による資金調達というところにありましたが、その後いわゆる将来債権を含む債権譲渡担保による資金調達にも広く使われるようになります。

債権譲渡特例法の重要性

ここで学生諸君には繰り返し注意しておきます。特例法、というと民法そのものではないのだから、あまり勉強しなくていい、と誤解している人がまだ多い。全国の法学部では十分に教えていないところもあるようです。けれどもこれは大変な間違いです。当時の債権譲渡特例法二条一項、現在の動産債権譲渡特例法四条一項を見てください。債権譲渡登記は、民法四六七条二項の確定日付ある通知承諾の等価代替手段なのです。譲渡主体が法人であり対象が金銭債権に限られるという限定はありますが、現実には実務では非常に多く使われている。譲渡債権が多数の場合は特例法、一つ二つの場合は民法通知、と使い分けている弁護士さんも多いようです。ですから、民法の一部として、民法と同じだけ勉強しないといけないのです。ちなみに、近く国会に出される民法（債権関係）改正案においても、この債権譲渡の対抗要件は基本的に現状維持になり、民法の通知・承諾と特例法登記の併存で、ほとんど変更はない見込みです。

債権譲渡特例法の構造

ポイントを繰り返しておきます。

特例法の条文をしっかり見てください。登記されると、「債務者以外の第三者については、民法第四六七条の規定による確定日付のある証書による通知があったものとみなす」のですから、民法四六七条二項の確定日付のある通知の等価代替手段なのであって、一項の債務者への対抗要件つまり権利行使要件は、登記だけでは取れないのです。つまり登記は第三者対抗要件であって債務者権利行使要件ではない。

なぜですか。ここで先ほどの対抗要件の基本構造を思い出してください。債務者に情報を集中させて債務者保護もはかるものでしたよね。民法のほうの通知・承諾と違って、登記がされただけでは、債務者はまだ知らない。だから、知らしめないと、権利行使要件にはならないのです。これは、そもそも債権譲渡契約は債務者抜きで譲渡人と譲受人とでできるわけですから、債務者は知らないうちに前より不利な状況に置かれてはならない、ということです。

条文はややわかりにくいですが、四条二項で、「当該債権の債務者に第一一条第二項に規定する登記事項証明書を交付して通知をし、又は当該債務者が承諾をしたときは、当該債務者についても、前項と同様とする」とありますから、権利行使をするためには、登記事項証明書を交付して通知するか、承諾をしてもらう必要がある。これは、民法通知の場合といわばピラミッドが逆で、民法では二項の確定日付ある通知をすれば当然一項の（無方式の通知・承諾で足りる）債務者権利行使要件は備わっている。だから、特例法登記をしてあっても、債務者に弁済請求をしたいときは、あらためて四条二項の、登記事項証明書を付した通知が必要になるのです。

でもこの通知は面倒ですよね。民法なら無方式の通知・承諾で足りるところを登記事項証明書を付けなければいけない。でも、実はこれは面倒でもいいのです。なぜですか。

これは法科大学院の金融法マターになりますが、資金調達、というキーワードで考えてください。答えは、普段はその通知はする必要がないから、です。流動化でも譲渡担保でも、一般には、譲受人というのは融資者ですから、自分で債権を回収するつもりはありません。回収の手間も譲渡人に委託してやってもらい、集めたお金を回金してもらえればいい。要するに融資者は第三者に勝てればいいのです。だから四条二項通知をする必要があるのは、譲渡人の業績が危うくなって、回金をしてくれなくなりそうになったときだけということなのです。

この点を、よく、債権譲渡特例法登記の目的は、債務者に知られないで資金調達をするため、と説明する人がいるようですが、それは立法段階から副次的な理由と考えていたものです。確かに債務者はそのまま、回収委託を受けている譲渡人に払い続ければいいのですから、何もわずらわしくないし、不安も感じることもない、というわけです。そして融資者も不安なサイレント融資ではなく、しっかり公示力のある第三者対抗要件を取った融資ができる、というわけです。けれども立法としては決して、債務者に知らせなくていい対抗要件制度を作るというのが主たる目的だったわけではありません。

もう一つ、間違えないでいただきたいこと。民法の確定日付のある通知と登記が競合した場合の優劣基準はどうなりますか。もう一度条文を見てください。登記は、「通知があったものとみなす」のだから、確定日付のある通知の到達時と、この登記がされた時点を比べるのですよ。登記を登記事項証明書によって通知した時と間違える人がいます。条文は正確に読みましょう。

実は私は、この債権譲渡特例法ができるのと並行して、国連のＵＮＣＩＴＲＡＬ（国連国際商取引法委員会）の国際債権譲渡条約作りの作業部会に、日本代表として参加していました。このＵＮＣＩＴＲＡＬの話も加えたものが、私の債権譲渡研究第二巻の『債権譲渡法理の展開』[21]の内容になるのですが、国連条約のほうの話はまた別の機会にしたいと思います（本書一六七頁以下参照）。

将来債権譲渡論

さあ、ここで話は将来債権譲渡に移ります。一連の将来債権譲渡に関する最高裁判決の紹介になるのですが、それだけなら、どの教科書にも書いてある。ここでは、もう一段の付加価値を付けた講義をしたい。債権総論は、人間は何を考えてどう行動するか、というところから理解しなければいけないのです。

私の授業では、なぜ将来債権譲渡や将来債権譲渡担保をするのですか、というところから入ります。このあたりで本当はマイクを持って学生諸君に聞いて回るのが私の大教室双方向授業なのです。

将来生ずべき債権とは、具体的にはどういう債権ですか。発生の基礎が何とかなどという学者的な説明を聞いているのではありません。どういう種類の債権かを聞いているのです。判例にあらわれたところでは、医師の診療報酬債権（これは注意してください、将来の患者さんへの直接の診療報酬ではなく、保険診療をした医師なり病院が国の社会保険診療報酬支払基金（債務者特定）に対して持つ債権です）とか、リース料債権とかもありますが、圧倒的に多いのは、売掛債権でしょう。売掛債権を例にとっていえば、なぜ将来債権を使うのですか。

答えは簡単ですよね、現在ある売掛債権だけでは足りないからですね。では現在ある売掛債権というのは、各企業はどれくらい持っているのですか。わからない。ではそもそも売掛金というのは何ですか。こう聞かれてもわからない。そういう法学部生がかなりいます。それでは将来債権譲渡の判例を暗記しても生きた勉強になっていない。福澤先生の言った「実学」になっていないのです。

では、中小企業が大企業に部品を売ったら、お金はいつもらえるのですか。そう聞いたら、以前ある学生が答えました。それは部品を引き渡した時です。なぜですか。同時履行の抗弁があるからです。とんでもない、君たち、こういう勉強をしてはいけない。民法五三三条の同時履行の抗弁は、双務契約で当事者が代金の支払時期を定めておかなかったときに使えるだけです。当事者が最初から異時履行、つまり引渡しと支払いを別の時期にする合意をしていれば使えません。

一般の取引慣行では、支払いを二か月後三か月後にするのが普通です。だからその期間存在するのが「売掛金」なのです。当事者の力関係で決まる場合も多いですし、当事者が小さな企業同士の場合も、仕入れて物を作って売るのですから、仕入れたときに引換に代金支払いではつらい。そこでいわゆる企業間信用の問題になるわけです。

ですから、手元にある売掛債権は、焦げ付きを除けば、たかだか二、三か月前までの出荷分についてのものしかない。それを担保にお金を借りようとしても、大した金額にはならない。それゆえ、たとえば判例にあらわれたケースでも、Aの、B_1からB_{10}の一〇社に対する、向こう五年間に生じる売掛債権を担保に資金調達をする、などということになるのです。ここまでわかってから将来債権譲渡を勉強してください。

債権譲渡担保と動産譲渡担保

逆に一般の聴衆の方で、債権まで担保にするのは、などとまだ考えている方、先ほど言った、パラダイムシフトです。資金調達に発想を変えてください。債権担保の融資は、誰の信用力を基礎にしてするのですか。債権の譲渡人である被融資者の信用ではありませんね。第三債務者、すなわち当該債権の債務者の信用力です。つまり、債務者が優良な大企業ならばまず確実に払ってもらえる。だから、資金を調達したい譲渡人が信用力の乏しい中小企業でも、譲渡しようとする債権の債務者が優良な大企業なら、その債権は優良な担保として融資を受けられる。これが債権担保融資の大事な利点なんです。

だから、まっとうな仕事をして優良な売掛先を持っている中小企業は、売掛金や在庫を担保に運転資金を調達できるべきだ、これが私が力を入れて支援している、ABLという融資形態になります。ここで債権譲渡研究の第三段階の発展形として、債権譲渡担保と動産譲渡担保の組み合わせの話になり、法律も債権譲渡特例法から動産債権譲渡特例法に進化していき、そこまでが私の債権譲渡の研究の第三巻『債権譲渡の発展と特例法[22]』の内容になるのですが、この辺は法科大学院の講義に譲ることにします。

将来債権譲渡に関する判例法理の進展

さて、将来債権譲渡に関する判例法理を簡潔にまとめておきましょう。

将来債権譲渡契約の有効性については、大審院の時代に一般論として認めたものはあったのですが、①最判平成一一年一月二九日民集五三巻一号一五一頁、これが、複数年の将来債権譲渡契約を有効と認め、しかも発生の可能性の多寡は契約の有効性を左右しないとまで言ってくれて、実務界の大歓迎を受けたものです。この判決は、当時待望されていたもので、従来は、当事者が一年間の将来債権譲渡の有効性を争い認められた最判昭和五三年一二月一五日裁判集民事一二五号八三九頁（民集登載判例ではありません）しかなく、当時の実務では仕方なく向こう一年間だけ債権譲渡をしていたという状況があったわけです。

ただ、発生可能性はそれでよいとしても、将来債権と言っても契約の有効な成立のためには、特定性が必要だろうという疑問に答えたのが、次の②最判平成一二年四月二一日民集五四巻四号一五六二頁です。これは集合債権譲渡予約のケースでしたが、譲渡の目的となる債権が他の債権と識別可能な程度に特定されていればよいと判示した。特定性は識別可能性で足りると言ってくれたわけです。

さらに、③最判平成一三年一一月二二日民集四七巻四号三三四頁は、いわゆる集合債権を対象とした譲渡担保契約の債権譲渡について第三者対抗要件を具備するためには、指名債権譲渡の対抗要件の方法によることができる、などと『判例六法』などには要約してありますが、それではどういう紛争か全くわからない。つまりこの事案は、「債権譲渡担保設定通知」という通知に対して、当該債権を後れて差押えた国が、それは四六七条の通知になっていない、と訴えたものですが、最高裁は、それでも「債権譲渡通知」として有効であるとして、国税を敗訴させたものです。この事案は、後でもう一度登場しますので覚えておいてください。

さらに④最判平成一三年一一月二七日民集五五巻六号一〇九〇頁は、事案は個別のゴルフクラブ会員権譲渡ですが、指名債権譲渡の予約についての確定日付ある証書による債務者に対する通知または債務者の承諾をもって予約の完結による債権譲渡の効力を第三者に対抗することはできないとしたもの、つまり譲渡予約に第三者対抗要件をつけても本契約たる債権譲渡の対抗要件にはならないとしたものです。これは、私は債権譲渡の対抗要件というのは権利移転の公示と考えていますので、予約ではまだ権利は移転しないのですから、当然の、筋が通った判決と言うことになります。

将来債権譲渡に関する判例法理としては、まず以上の四判例を押さえておきましょう。

ここでひとこと注意しておくと、不動産の登記は、権利の所在を公示するものといえますが、債権は弁済すればなくなるものですから、債権譲渡の対抗要件は、譲渡の事実、権利移転の事実を公示するものです。ですから、先ほどの債権譲渡登記も、譲渡の事実の公示なのであって、現在の権利者を公示するものではありません。したがって、いわゆる不動産における順位保全の仮登記の制度などは、債権譲渡登記には存在しないというわけです。

判例に示された「パラダイムシフト」

さて、これで明瞭になったと思います。債権譲渡に関する平成五年判決までの判例は、一本の債権の回収をめぐる、多重譲渡多重差押えという苦し紛れの債権譲渡の産物だったのに対し、平成一一年判決以降の判例は、多数の債権を資金調達に計画的に用いる取引に関する紛争だということです。実務における債権譲渡取引のパラダイムシフトが、このように判例法理上に如実にあらわれてきているわけです。

権利移転的構成と権利移転時期

そしてもう一つ、一一年判決以降の判例で明らかになっているのは、最高裁は、債権譲渡があったかなかったかで区別しているということ。真正売買としての譲渡か、担保としての譲渡かの区別は、原則として、していないということです。したがって、学者は動産の譲渡担保について所有権移転的構成か担保的構成かという議論をよくしますが、それに当てはめれば権利移転的構成ということになるでしょうが、判例は権利移転的構成だというのはあくまでも学者の分析です。判例は譲渡があったかなかったかで区別している、と素直に理解しておいてください。ですから、予約ではまだ譲渡はない。停止条件付の場合も、正面から論じた判例はありませんが、否認権がらみで、同じ趣旨を示したものがあります。

さらに、もう一つ、将来債権譲渡については権利移転時期の論点に触れておかなければなりません。債権譲渡契約時か個々の債権発生時かという論点ですが、これは学者もいろいろ言っていますが、判例法理上は、国が強引に引っ張りだした議論なのです。事案は、先の最判平成一三年一一月二二日民集四七巻四号三三三四頁と同一の事案です。その判決で差押えが譲渡通知に劣後して負けと言われた国が、即日、別の論理で再度訴えを提起した。それは、国税徴収法二四条六項(現八項)の、一定の場合には譲渡担保権者に納税義務があるという規定を使う。そのためには、将来債権は契約時に譲渡担保権者のものになってしまっていてはだめで、個々の発生時に初めて権利が移転するという構成を採らざるを得ない。

私はそんな構成はおかしいと言ったのですが、なんと高裁でそれが通ってしまうのです。これに対して私は猛然と反論し、最高裁で覆されるべきものと書きました[23]。私の書いた評釈の中で一番激しく批判をしているものでしょう。その結果、私の評釈が影響したかどうかはわかりませんが、最高裁では国は再び逆転敗訴します。最判平成一九年二月一五日民集六一巻一号二四三頁がそれで、ただそこでは、当該将来債権は既に譲渡担保権者のものになっている、と判示しただけで、将来債権の権利移転時期を明示しているわけではありませんが、私どもの考えている契約時移転に親和的な判断ということが言えます。なおこの点は、フランスなどでは、「発生時に、契約時に遡及して譲受人のものになる」という考え方が多数になりつつあるようです。契約時移転説でも、発生しなければ結局譲受人のものにならないので、あまり差はありませんが、将来債権の譲受人が再譲渡する場合の権限などを考えた場合には、端的に契約時移転と考えたほうがよいようにも思います。

債権譲渡研究の第四段階——電子記録債権法の制定

さて、こうして大発展を遂げてきた債権譲渡であり債権譲渡論なのですが、この展開はまだまだ続きそうです。そのひとつは、現代における債権譲渡は、民法の規定するいわゆる指名債権譲渡だけではなく、その他の法律による別種の債権譲渡との比較で理解されなければならないということです。すなわち、手形債権と電子記録債権の話です。

わが国では、債権の流通・移転を安全に促進するために作られた手形の制度によって、指名債権譲渡（当初はそれほど頻繁に行われると予測されていなかった）との役割分担が図られてきました。債権を証券上に化体して、裏書によって移転させる手形は、わが国では世界でも類を見ないほどに信頼性の高い債権移転・決済制度として頻繁に使われてきたのですが、近年では、その発行、管理、裏書移転、呈示のそれぞれの段階における「紙」の負担が重荷となり、さらに印紙税がかかることもあって、実務では、手形レスの決済方法をいろいろ工夫するようになり、手形の利用は一九九三年頃をピークに激減しています。一方、「紙」がいらない指名債権の場合は、弁済の確保や譲受けのリスク（債権の存在の確認、譲渡禁止特約の有無、二重譲渡の可能性等）の排除が難しく、また対抗要件具備が（特例法登記の制度はできたものの）煩瑣である。

このような状況と、社会のＩＴ化の進展が相まって、二〇〇七年には、電子記録債権法が制定され、指名債権でも手形債権でもない、記録機関（民間に複数設置可能）のコンピューターへの電子的な記録によって発生し譲渡される、電子記録債権という新類型の債権が創設されました。この電子記録債権法は、私にとっては、最初に経済産業省の中小企業庁の研究会で発案検討され始めたところからかかわり、法務省の研究会の座長をし、最後の法務省の法制審議会部会と金融庁のＷＧで法律要綱案を作るところまでお付き合いした、非常に思い入れの強い法律です。

電子記録債権の活用

この電子記録債権は、金銭債権に限定されますが、従来の手形による決済や指名債権による担保設定を代替するものとして活用されることが期待されています。簡単にポイントを述べておけば、電子記録債権は、まず、発生も譲渡も電子債権記録機関の記録原簿への記録が効力要件です。もちろんこの記録は債権者と債務者の共同申請です。また、支払いのために手形を出した場合の手形債権の考え方と同様に、原因債権たる指名債権とは別の債権とされています（売掛金債権を電子記録債権として記録すれば、売掛金債権（指名債権）と電子記録債権が二つ存在することになる）。記録が発生と譲渡の効力要件ですから、合意しただけでは何も発生しません。いわゆる意思主義・対抗要件主義とは全く別のやり方であることを注意してください。逆に言うと、記録によって発生するのですから、発生記録がされたものはすべて金額等の定まった既発生債権ということになり、いわゆる将来債権はそのままでは電子記録債権にはできません。また譲渡にあたっては、譲渡記録をすれば当然ながら他の対抗要件具備などは不要です。電子記録債権には基本的に手形並みの安全性（抗弁の切断等）が確保されますが、この電子記録債権法は柔軟性が特徴で、当事者が任意に一部の抗弁を残したり、また法律上は付与できる譲渡禁止の記録を記録機関が業務規程で排除できる（譲渡禁止の記録を受け付けない）等の自由が保障されています。

電子記録債権と債権譲渡禁止特約

この最後のところだけ説明をつけ加えておくと、今日は民法四六六条の譲渡禁止特約の議論について触れる時間がとれなくて残念なのですが、民法上の指名債権の場合には、この譲渡禁止特約がつけられていると、資金調達のための債権譲渡に使えない。つまり譲渡禁止特約は資金調達取引の阻害要因なのです。したがって、私は、電子記録債権の立法の審議会部会等で、新しく作る電子記録債権には完全な流動性を付与すべきだから、譲渡禁止の記録はできないようにしよう、と強硬に主張したのです。

しかし、一部の大企業委員から、やはりできたほうが将来何かのときにいいからなどというよくわからない反論があり、結局法務省は、一六条一項一二号で、譲渡制限の記録はできるようにし、ただその一六条の五項で、記録機関が業務規程でそれをできないようにしてもいい、つまり、うちはすべて譲渡可能な電子記録債権しか扱わない、と決めてもいい、という折衷的な構成を採用してくれました。したがって、現在開業している全銀協の記録機関などでは、この一六条五項を使って譲渡禁止の記録はできないようにしています。

ですから、現在民法（債権関係）改正で大変大きな論点となっている譲渡禁止特約（要綱仮案では「譲渡制限の意思表示」という表現になっています）の効力制限の問題も、電子記録債権にすればずっとわかりやすく解決するということもあるわけです。

いずれにしても、この電子記録債権は、とりあえず手形代替の決済手段として伸びていくと思いますが、私は、この法律を生かすには、もっと担保手段として使われるようにならなければいけないと説いているところです。この電子記録債権創設関係が私の『債権譲渡の研究』第四巻『債権譲渡と電子化・国際化』[24]の主要な内容になります。

債権譲渡研究の第五段階——債権譲渡から債務引受、契約譲渡へ

しかし、お話はもう一つ先に続きます。それは、これからの民法上の債権譲渡論は、今回の民法（債権関係）改正でようやく条文ができることになった、債務引受と契約譲渡（契約上の地位の移転）とのからみで論じられていくであろう、ということです。私はこのテーマの論文「債権譲渡から債務引受、契約譲渡へ」を、二〇一三年に内池先生の追悼論文集『私権の創設とその展開』に書きました(25)。この債務引受と契約譲渡（契約上の地位の移転）の条文がないというのは、実は日本民法が世界で最も後れているところで、私は以前から、アジアをリードする民法を作るなどという前に、一番後れているところを埋めるべき、と主張してきました。たとえば、ゴルフ会員権の譲渡などというのは、判例は債権譲渡の対抗要件で足りるなどと判示していますが(26)、これは双務契約の契約上の地位の移転の問題として扱うべきものですから、本来は相手方の承諾、承認の問題が不可欠になるはずなのです。

それから、貸金業者が過払金返還請求を受けて事業が立ち行かなくなったケースで、親会社が当該貸金業者の債権をすべて譲り受けて当該貸金業者の営業を停止させる、という、「事業譲渡型の債権譲渡」という、今日の主題からすると、ひとつの債権を取り合う危機対応型とも、多数債権を資金調達のために譲渡する正常業務型ともまた違う、新しい類型の債権譲渡も行われるようになってきている(27)。そこで私は、先ほどの「債権譲渡から債務引受、契約譲渡へ」という論文を書き、問題提起をしたところです。

次世代の民法学者に——我にガロアもランボーもなし

というわけで、この債権譲渡という増殖中の対象にとりついた私の研究は、そしてこの最終講義は、まだまだ終わりそうもないのですが、この辺で、時間切れになる前に、ご出席くださった後輩の先生方に一言申し上げます。慶應義塾の教壇を降りる者からのいわば遺言です。

私は、三九歳で教授になって、その記念に翌年『キャンパスの歌』という素人歌集を出しました。私の入門書『スタートライン債権法』に収録している短歌は、その歌集に入っているものです。その歌集の中の一首に、短歌と言えるほどのものではないのですが、

顧みれば残酷な学選びたり我にガロアもランボーもなし

というものがあります。少し説明がいるでしょう。

ガロアというのは、エヴァリスト＝ガロア、フランス人の数学者です(28)。この人は、二〇歳で決闘をして死んでしまいます。けれども数学の世界では、私には中身はわかりませんが、ガロアの群論といって数学史に名前を残しました。ランボーは、フランスの詩人アルチュール＝ランボーです。この人は、三七歳で亡くなりますが、一六歳で『酔いどれ船』を書き、二〇歳で最後の作品『イリュミナシオン』を書いて、詩作を絶っています。それでもいまだに世界的な詩人として評価されている。

つまり言いたいことは、こういう人たちは、法律学では絶対に存在しないということです。それが、「我にガロアもランボーもなし」という意味です。法律学は、登山道にあるケルン、あの石積みを一

つ一つ積んでいくような作業ですから、決して一人の人間の瞬発的な力で飛躍的に発展するものではない。

ですから、弟子や後輩の民法学者の諸君、どうか長生きしてください。もちろん、ただ生きるのではなく、第一線の学者として長生きしてください。法律学は、ある意味で残酷な学問です。早見えを許してくれない。心変わりを許してくれない。早世を許してくれないのです。けれども、長いことやっていると、必ず進歩がある。必ず見えてくるものがある。私はちょうどそれがわかりかけて楽しくなって来たところです。まだまだ先があるのがちょっと困るくらいに見えてしまっている。だからここでやめるわけには到底いかないのです。

学問の襷

わが師匠内池慶四郎先生は、「学問の襷を渡す」のが大切なことだとおっしゃった(29)。私も、今日までやってきて慶應の民法学の襷をつなぐという使命はそれなりに果たせたのではないかと思っています。けれども、襷をつなぐということは、師の学説や指導法などをただ承継するということは意味していません。もともと、一人の人間は、能力の限られた、当然に間違いも犯す存在なのです。だからこそ、学問という、ゴールの見えない駅伝のようなものをみんなでつないでいくのです。ですから当然、前のランナーの走り方が悪かったところは次の走者が直さなければいけない。つまり、研究の方法論も、技法も、弟子の指導法も、改良を加えていってもらわなければいけない。けれども、そこでもう一言。慶應義塾は自由な学校です。その改良・改善も、次世代の人たちが、自分の好きな形で、自由にやればいい。師の学説や教育法を墨守する必要は毛頭ないし、また、師の学説とあえて戦う必要もない。どうぞ、ご自分らしく、自由にやっていってください。

結びに代えての御礼

最後に、今日は審議会のお仕事のためにご出席いただけませんでしたが、私の、学問だけでなく公私に亘る最大の友であり兄である、早稲田大学の鎌田薫総長に御礼を申し上げたいと思います。一九七八年から一九八〇年の二年間、ちょうど同じ時期に留学したパリで知り合って以来、私はこの人の誘いはすべて断らないようにしようと心に誓って帰国し、実際、鎌田さんの様々ないざないのおかげでここまでやってきました。鎌田さんが音頭を取ったいくつかのインターユニバーシティの研究会に協力し、また、昨年まで二八回続いた鎌田ゼミと池田研究会の早慶合同ゼミナールでは、星野英一先生をはじめとする民法学界の主だった先生方に出題講評者として指導をしていただきました。『書斎の窓』の二〇一五年一月号にそのあたりのことを書きました。[30] またいくつもの外部の仕事を、鎌田・

池田と早慶セットのようにして依頼されたこともありました。本当に私の今日あるのは、鎌田先生のおかげと思っています。

ただ当時から民法分野では、早稲田は鎌田先生の同世代に浦川道太郎先生、内田勝一先生、近江幸治先生とスタッフがそろっていた。慶應は、民訴ゼミから民法に残られた斎藤和夫先生を除くと、私が、ずっとたった一人だったのです。世代の巡り合わせということもあったのでしょう。上を見ると、慶應の民法には、田中實、人見康子、宮崎俊行、林脇トシ子、内池慶四郎、新田敏、と比較的近い世代の先生方が多数そろっておられました。そこに私は、民法ゼミからは新田敏先生から一六年ぶりに残った助手となったわけです。そして私の次は、私のゼミの二期生である、現在塾の法務研究科委員長の片山さんまでいないのです。インターユニバーシティの研究会に出るたびに、「慶應は一人でよく頑張っているね」とお声をかけてくださる他大学の先生方が、本日もお越しいただいている円谷峻先生（現在明治大学法科大学院、当時横浜国立大学）をはじめとして、たくさんおられました。

ですから、若い頃から私は、何とか慶應義塾の民法スタッフをそろえたいという強い思いがありました。その結果、私のゼミからは一〇期生までに片山直也君、北居功君、武川幸嗣君、そして国際私法の北澤安紀さんと、四名の塾法学部教授が生まれました。そして法科大学院に移った片山・北居の両君の尽力もあって、他大学からも多数の大変優秀なメンバーが加わってくれました。現在の民法専任スタッフは、法学部にはほかに犬伏由子さん、田髙寛貴君、そして斎藤先生のお弟子さんの水津太郎君、法科大学院学者教員に金山直樹君、平野裕之君、松尾弘君（松尾君は新田先生のお弟子さんです）、そして鹿野菜穂子さん、西希代子さん、がおられ、多士済々、おそらく日本の他のすべての大学の民法教員と比較しても、有数という評価をいただけるものと思っています。

もちろんこの現在の状況作りに私が貢献できたのはわずかなものなのですが、それでも、昭和から平成、二〇世紀から二一世紀という、時代をまたいだこの時期を、駅伝でいうならばこの与えられた区間を走り切って、今日、襷をしっかりつなぐということができたと申し上げてよいだろうと思います。「学問の襷を渡す」という、師匠内池慶四郎先生から与えられた責務を果たせたことを、うれしく思っています。

そして最後の最後の御礼は、君たち受講生諸君に対してです。いい授業というものは、いい学生がさせるのですよ。私は、大教室双方向授業を確立させた還暦の頃から、実はこの火曜日の二限の債権総論が毎週待ち遠しくて仕方がなかった。この講義の受講者諸君は、私がマイクを向けて質問するとときどきちょうどいい具合に外してくれて、でも別の誰かがいい答えをしてくれるという、教育生産性が一番上がる授業ができました。そしてその結果君たちは素晴らしい吸収力を示してくれて、期末試験には、昨年前期の例でも六〇四名の履修申告者で必修でもないのに五九〇名以上が試験を受けてくれて、しかも一人として途中退席が出ない。これは私の試験問題が、六〇分びっしり書き続けてようやく終わるかどうかというように作ってあるからなのですが、こういう一人も出て行かない試験はこの大学でもまず他にないんだそうです。

さあ、チャイムが鳴りました。毎年良い学生に恵まれて、母校の教壇に立ち続けることができて、つくづく幸福な四〇年でした。これでお別れです。ご清聴ありがとうございました。さようなら。

（注1）池田真朗「旧民法典とボワソナード」松山大学法学部松大GP推進委員会編『シンポジウム『民法典論争資料集』（復刻増補版）の現代的意義』（松山大学、二〇一四年）二七頁以下。

（注2）この民法現代語化の詳細は、池田真朗編『新しい民法―現代語化の経緯と解説』（有斐閣ジュリストブックス、二〇〇五年）参照。

（注3）星野英一「日本民法典に与えたフランス民法の影響（一）」日仏法学三号（一九六五年）一頁以下。

（注4）内池慶四郎「債権の準占有と受取証書」法学研究（慶應義塾大学）三四巻一号（一九六一年）四九頁以下。

（注5）池田真朗「民法四七八条論序説」慶應義塾大学大学院法学研究科論文集・昭和四八年度（一九七四年）一九頁以下。

（注6）池田真朗『ボワソナードとその民法』（慶應義塾大学出版会、二〇一一年）。前掲注（5）論文は一一七頁以下に所収。

（注7）我妻栄『新訂債権総論』（民法講義Ⅳ）（岩波書店・一九六四年）の第六章第二節債権譲渡の全頁（五一四～五六五頁。うち指名債権譲渡は五一四～五五四頁まで）参照。なお池田・後掲注（10）「民法四六七条におけるボワソナードの復権」第一節注（12）（池田・後掲注（15）『債権譲渡の研究』一八頁所収）も参照。

（注8）ボワソナードの旧民法草案注釈書が **Boissonade, Projet de Code civil pour l'Empire du Japon, accompagné d'un commentaire** である。これには三つの版がある。初版は三分冊で、一八八〇年から一八八二年に出て

いる。なお、このほかにボワソナードが明治政府の求めで旧民法理由書として執筆したのが **Code civil de l'Empire du Japon, accompagné d'un exposé des motifs** である。これらについての解説、ことに後者についての解説を初めて付したのは後掲注（10）「民法四六七条におけるボワソナードの復権」（池田・後掲注（15）『債権譲渡の研究』一〇頁以下所収）である。

（注9） 日本学術振興会版『法典調査会民法議事速記録』。私は論文ではこれを「学振版」と表記して引用している。なお現在では完全復刻版として、商事法務研究会版のものがある。

（注10） 池田真朗「民法四六七条におけるボワソナードの復権」『明治法制史政治史の諸問題』（手塚豊教授退職記念論文集）（慶應通信、一九七七年）一〇三九頁以下（池田・後掲注（15）『債権譲渡の研究』一〇頁以下所収）。

（注11） 池田真朗「民法四六七条における一項と二項の関係」法学研究（慶應義塾大学）五一巻二号二五頁以下（池田・後掲注（15）『債権譲渡の研究』五一頁以下所収）。

（注12） 権利行使要件については、池田真朗「対抗要件と権利保護要件・権利行使要件（マルチラテラル民法4）」法学教室一七八号（一九九五年）六五頁以下（池田真朗ほか『マルチラテラル民法』（有斐閣、二〇〇二年）七八頁以下所収）。

（注13） 一九八一年の日本私法学会では「指名債権譲渡の対抗要件の構造」（私法四四号（一九八二年）一三六頁以下）として発表し、より詳細なものを「指名債権譲渡における対抗要件の本質」と題して『慶應義塾創立一二五年記念論文集〔法学部法律学関係〕』（一九八三年）三四五頁以下に発表した（池田・後掲注（15）『債権譲渡の研究』一〇五頁以下所収）。

（注14） 池田真朗編著『判例学習の **A to Z**』（有斐閣、二〇一〇年）六六頁以下。

（注15） 池田真朗『債権譲渡の研究』（弘文堂、初版一九九三年、増補二版二〇〇四年）。

（注16） 二重法定効果説については、池田・前掲注（15）四一五頁以下を参照。

（注17） 到達時確定日付説については、池田・前掲注（15）一六五頁以下を参照。

（注18） 債権の二重譲渡の優劣決定基準に関する、昭和四九年判決以降の三判決の評釈については、池田・

前掲注（15）一五五頁～一九四頁参照。

（注19）池田真朗「債権譲渡に関する判例法理の展開と債権譲渡取引の変容」川井健＝田尾桃二編『転換期の取引法―取引法判例一〇年の軌跡』（商事法務、二〇〇四年）二九五頁以下（池田・後掲注（22）『債権譲渡の発展と特例法』一六頁以下所収）。

（注20）本講義を準備するに当たり、法務省からは毎年の公開データと最新の二〇一四年分の速報データを頂戴することができた。それによると、いったんピークとなった二〇一二年の登記件数が一年間で一万二六一一件、債権の個数では九二六九万三五九〇個であり、その後は二〇一三年が登記件数が一万一九七〇件、債権個数では七一七九万二一五三個、二〇一四年が登記件数が一万三二二八件、債権の個数では五九二〇万四九四六個と、景気の状態を反映してか件数は横ばい、個数はやや減少傾向にある（ちなみに、法務省HPの公表データでは、以上の債権譲渡登記の数字に質権設定登記その他を含めた「総数」の件数・個数には、延長、抹消および否認の登記と職権による登記が含まれており、商業誌掲載の総数データにはこのうち職権による登記を除いたものもあるという）。なお、法務省では、二〇一四年に新たに「事前提供方式」と呼ばれる、登記申請書の提出に先立ち、いわゆるオンラインで登記事項等を登記所に提供し（この場合電子署名は不要）、エラーがないことを確認したうえで、申請書の提出だけで（電磁的記録媒体の提出を要しない）登記申請ができるとする特例を新設した。これによって、従来の書面申請の場合、その段階で登記事項等を記録した電磁的記録媒体の提出も必須とされるが、登記事項の記録方法等に誤りがあると却下されてしまい、予定された日に登記を間に合わせるためには、新たに正しく記録し直した電磁的記録媒体を用意して登記所まで急遽持参せざるを得ないという問題点（特に遠隔地の場合、申請人の負担が大きい）が解消され、更に債権譲渡登記および動産譲渡登記の利用増が見込まれているとのことである。ご高配とご教示を賜った野口宣大法務省民事局商事課長と商事課に対し記して感謝の意を表する。

（注21）池田真朗『債権譲渡法理の展開』（債権譲渡の研究第二巻）（弘文堂、二〇〇一年）。

（注22）池田真朗『債権譲渡の発展と特例法』（債権譲渡の研究第三巻）（弘文堂、二〇一〇年）。

（注23）池田真朗「将来債権譲渡担保における債権移転時期と、譲渡担保権者の国税徴収法二四条による物的納税責任―東京高判平一六・七・二一の検討」金融法務事情一七三六号（二〇〇五年）八頁以下（池田・前掲注（22）『債権譲渡の発展と特例法』一七九頁以下所収）。

（注24）池田真朗『債権譲渡と電子化・国際化』（債権譲渡の研究第四巻）（弘文堂、二〇一〇年）。

（注25）池田真朗「債権譲渡から債務引受・契約譲渡へ」池田真朗＝森征一編・内池慶四郎先生追悼論文集『私権の創設とその展開』（慶應義塾大学出版会、二〇一三年）一二七頁以下。

（注26）最判平成八年七月一二日民集五〇巻七号一九一八頁、私の評釈として池田真朗「判批」民商法雑誌一一六巻六号（一九九七年）九四四頁以下。

（注27）この問題ではすでに五件ほどの最高裁判例が出されている。私の評釈として池田真朗「判批」私法判例リマークス四七号（二〇一三年）四六頁以下がある。

（注28）伝記として、レオポルド・インフェルト『ガロアの生涯―神々の愛でし人』（市井三郎訳、日本評論社、一九六九年）がある。

（注29）筆頭弟子である私は何度も個人的に伺っているが、内池研究会創設三〇周年記念挨拶で、内池先生が、恩師の津田利治先生と共に、慶應義塾の大学部法律科一期生であった神戸寅次郎博士の講義録である『神戸寅次郎・民法講義』を出版されたことを語ったときのものが残されている。慶應義塾大学内池研究会・みなと会編『法、言葉、忘れ得ぬ人々―内池慶四郎随想録』（慶應義塾大学出版会、二〇一四年）四一頁。

（注30）池田真朗「早慶合同ゼミナールを終えるにあたって―早稲田大学鎌田薫総長との『交遊渉』」書斎の窓六三七号（二〇一五年一月号）三一頁以下。

民法と金融法

――わが法科大学院研究・教育の軌跡

（法科大学院最終講義）

はじめに

池田真朗です。本日は、この場を用意してくださり、ご懇切なご紹介をくださいました片山直也法務研究科委員長にまず御礼を申し上げます。また司会の松尾弘先生、ありがとうございます。この最終講義は公開とさせていただきましたが、本来の現役生のほかに、塾法務研究科および法学部の先生方をはじめ、他大学の先生方、前最高裁判事の須藤正彦弁護士ほか外部の法曹・金融実務家の方々、三田法曹会の先生方、さらに修了生の皆さんにも多数ご出席いただきまして、有難く厚く御礼申し上げます。

なお念のために申し上げておきますと、この時間は私と実務家教員の奥国範先生の共同担当している「金融法務WP（ワークショッププログラム）」の第一四回目の授業時間なのですが、もともとシラバス上も第一四回は私の担当するまとめの講義に配当されており、さらに来週も最後の第一五回としてシラバス通り履修者全員によるディスカッションを行います。したがって、法務研究科の要求する授業内容は、この最終講義によって損なわれることはありません。この点ご安心いただきたいと思います。

本日は、民法学者としてやってきた私が、法科大学院で担当し開発してきた、民法中心の金融法、あるいは中小企業等の資金調達側から考える金融法、というものをお話しすることを基本として、その具体例としてＡＢＬ、いわゆる動産債権担保融資のお話をし、さらに電子記録債権にも言及したいと思います。そして、時間の許す範囲で、私が法科大学院で研究面で得た新しい展開と、教育面で自分なりに摑んできた、「かくあるべき法科大学院教育」というものもお話ししたいと思います。

実は私は、この慶應義塾大学の大学院法務研究科、つまり法科大学院の、設置準備委員長補佐を務め、設立の準備段階から関与した身なのですが、二〇〇四年四月の設立から昨年二〇一四年三月までの丸一〇年間、法学部教授と法務研究科教授を併任して過ごしました。この併任については、文部科学省の決めたルールで、法学部と法務研究科を併任できるのは設立から一〇年間までということになっており、つまり私はその期間いっぱい、法科大学院教授と法学部教授の二つを掛け持ちしたわけです。このあたりの理由は、私なりの法科大学院教育論ともかかわりますので、本来はご説明する必要があるのですが、本日は、時間の関係で省略し、またこの最終講義を活字にする機会に補足させていただくことにします。

それで、あらかじめのお願いなのですが、本日はお話ししたいことが盛りだくさんなので、どうか最大で一〇分程度の延長をお許しいただきたい。もちろん昼休みに用事のある方は退席していただいて結構です。

慶應義塾大学法科大学院の理念と金融法・金融法務ＷＰ

慶應義塾の法科大学院は、設立の当初から、先端性、学際性、国際性という特色を打ち出し、また、実務と学理のコラボレーションという理念を標榜いたしました。そこで私は、法科大学院開設にあたって、自分の担当科目として、その特色と理念に適合する科目を考えたわけです。それが、金融法と金融法務ＷＰでありました。この二つは、当初から学者教員と実務科教員が共同で担当する科目として設置されたのです。実際には、いわゆるゼミ的な要素を持つ、実践的少人数演習クラスとして、ＢＰ（ベーシックプログラム）を前期に、ＷＰ（ワークショッププログラム）を後期に、それぞれ二五名限定で開講するというカリキュラムが作られ、原則として前期後期は同じＢＰとＷＰを継続して学習することにされたのですが、これに当てはめると、各学年で最大二五名しか指導できないことになります。けれども私としてはその段階で、これからお話しする新しい金融法は、希望者がいればもう少し多くの学生にも勉強してほしいという思いがあり、前期はＢＰにせず、金融法という名前の、履修者数制限の緩い自由選択科目にしていただいたというわけです。

金融法の概念

そこで、まず「金融法」とは、というお話から始めなければならないと思います。「金融法」とか「金融法務」といえば、銀行など金融機関の融資業務に関する法律とか、また企業の資金調達関係の法務、金融商品の取引などというイメージがされやすいかもしれません。けれども「金融法」という法律があるわけではありませんし、そういう司法試験の選択科目があるわけでもありません。

実は私は、旧司法試験時代の平成八年（一九九六年）一月から新司法試験になった平成一八年（二〇〇六年）九月まで司法試験の民法の考査委員をつとめ、新司法試験への切り替わりの際には、民法さらに民事系の主査として、公法系の主査であった戸松英典学習院大学教授（当時）や刑事系の主査であった東京大学の山口厚教授（当時）などとともに、新司法試験の制度作りをしました。その段階で、新司法試験の選択科目をどういうものにするか、という議論もいたしました。その際に、この金融法というものも候補には上がったのですが、その内容が多様で確立していないという理由で、採用には至りませんでした。

そういう科目だったのですが、私は、学部で長く債権総論を担当して保証や弁済、相殺などを扱い、とりわけ債権譲渡を自分の研究テーマにしていましたので、この金融法の必要性を強く感じていました。そしてこれを、法科大学院の開設にあたって、法科大学院生にも役立つ「アドバンスト民事法」と把握して作り上げようとしたのです。ただ、その段階では、共同担当者をお願いする実務家のあてはあったのですが、授業内容とこの科目の本当の意義というものは、正直のところまだ十分に把握できてはいなかったのです。

私のイメージした金融法――「アドバンスト民事法」として

ただ、こういうことはお話しできます。たとえば、二〇〇三年の金融法学会大会では、「法科大学院における金融取引法の講義内容試案」というシンポジウムが行われました。[1] 中村廉平先生（当時は商工中金、現在は武蔵野大学法学部教授）、道垣内弘人先生、山本和彦先生らによるものでしたが、その内容は、最初に、第一章銀行組織法等、その第一節が銀行の規制法、第二節が銀行の業務、というところから入る。私は、正直のところこれは自分のイメージする金融法ないし金融取引法とは違うと考えたのです。

つまり、法科大学院で学ぶ金融法は、伝統的な株や社債での企業金融から、不動産やその他の資産の証券化、さらにはさまざまな金融商品取引などを教えるという、多様なものがあっていい。銀行法から入るものももちろんありうる。けれども、第一点として、法科大学院の授業に組み込むべき基礎的な金融法というものは、民法を中心として関連諸法に横串を通す形で学ぶもの、つまりアドバンスト民事法のような形になるものが適切であり必要である。第二点として、上記の金融法学会シンポジウムでの講義内容試案もまさにそうであったのですが、これまではもっぱら融資する側の金融機関の視点でものを見ている傾向があり、逆に資金調達をする企業側からの視点での金融法すなわち資金調達法（ファイナンス・ローというよりファンディング・ローという表現が当たるか）を確立する必要がある。

こういうことから、この金融法を、資金調達側の視点から考えようとしたのです。さらには、もっと大事な第三点が出てくるのですが、その説明は後にとっておきましょう。

法科大学院での「研究」の発展とパートナーの先生方
——売掛債権担保融資保証制度、動産債権譲渡特例法、電子記録債権法との関係で

さて、ここで本日の講義のサブタイトルを見てください。「わが法科大学院研究・教育の軌跡」ということで、「研究」から入っています。この点、法科大学院制度開始の当初から各大学でよく聞かれたのは、法科大学院が始まって、教育に追われて研究をする時間が取れない、ということでした。実はこの点で、私は非常に幸運な人間だったということができます。

というのは、私のライフワークである債権譲渡の研究をはじめとする民法研究は、実は法科大学院の開始後に大きな展開を遂げるのですが、それがまさにこの「金融法」「金融法務ＷＰ」での経験を通じて、学理と実務のコラボレーションを実践したことから、研究内容も、研究手法も、取引実務を

意識したものに変容し、それが債権譲渡などの実際の金融取引における大きな発展と相まって、研究の成果につながっていったということなのです。

そこで、今日は少し私の法科大学院での研究・教育のパートナーとなった実務家教員の方々を、本日の講義テーマに関連させつつ、ご紹介させてください。

① 最先端金融法務との遭遇

まず、金融法務WPをご一緒させていただいた弁護士の太田穣先生には、今振り返っても感謝あるのみです。先生は、メガファームでのお仕事の実績から、まさに最先端の金融法務を、毎回豊富な資料を大量に配布して教えてくださり、当初は私も学生と一緒に勉強させていただくのみでした。そのうちようやく実務の話が少しずつ見えてきて、こんどは、受講者の法科大学院生にはこれはわからないだろう、と思ったところを、本当に蛇足ではあったのですが、授業の最後に、学部での授業との関連などを示しながら補足するということを始めました。実はこれは後になって、実務家教員と研究者教員の教育上のコラボレーションの仕方を確立するのに大いに役立ったのです。この点はまた後に述べます。

太田先生は数年で交代されましたが、後に私と太田先生の共編で、太田先生の長島・大野・常松法律事務所の弁護士さんたちにも執筆者に加わっていただいて、私が立案から関与した電子記録債権法の解説書を出版できたことで、(2) 何とか少しご恩返しができたかと思っています。

② 売掛債権担保融資保証制度と動産譲渡登記創設の「同志」

もうお一方、初年度から金融法のほうの共同担当者をお願いした小林明彦先生は、金融関係ではすでに著名な弁護士さんでしたが、この方の招聘にはエピソードがあります。実は、二〇〇二年に、信用保証協会の売掛債権担保融資保証制度というものができるのですが、[3] この制度作りを経済産業省（中小企業庁）から委嘱された、全国信用保証協会連合会での研究会の座長を務めたのが私であり、そのときに委員として原案を立案されたのが小林弁護士であったわけです。小林先生は、司法研修所の教官補佐をされたりして、講義経験も豊富にお持ちだったので、信用保証協会連合会の研究会で原案を解説されたときの、わかりやすい見事な説明ぶりに、私は、この人こそ私の法科大学院の授業のパートナーとなるべき人だ、といわば一目ぼれしまして、私から直接、非常勤講師のお願いをしたという次第です。

小林先生には、太田先生が退かれた後は、そちらのＷＰは同じ法律事務所の大矢一郎先生以下に順次引き継いでいただき、私は小林先生と金融法および新しい金融法務ＷＰをご一緒するという体制にしていただきました。その後、先生は母校中央大学の法科大学院の特任教授になられるということで、両方とも現在の奥国範先生に交代していただきましたが、その後も小林先生には、前期後期ともゲストスピーカーとして二コマずつのご出講をいただいてきました。この小林先生とのペアの時代に、私は自分の金融法を確立していったわけです。

なお小林先生とはもう一つエピソードがあります。それは、本日の講義の主題ともかかわるのですが、二〇〇四年制定の動産債権譲渡特例法の法制審議会での審議のお話です。これが私が立案からかかわった、債権譲渡登記制度を創設した一九九八年の債権譲渡特例法を増補して、動産譲渡登記制度を作り法律名も動産債権譲渡特例法と改めて二〇〇四年に成立したものですが、この法律を作った法務省の法制審議会部会に、私が委員、小林先生が幹事として参加しておりました。ご承知の方もいらっしゃるでしょうが、この法制審議会部会では、当初、隠れた占有改定にも勝てる強い登記を作りたいという実務の要請があり、そういう議論が一時優勢になっていたのですが、私はそれに対して、民法の動産物権変動の第三者対抗要件として、一方で民法一七八条の引渡しと新しい登記とを同等のものとして作り、本来占有取得の一方法にすぎない占有改定についても、判例によって引渡しと同等の対抗要件としている現状を変えないのであれば、登記を占有改定より強いものとするわけにはいかない、ということを強く主張しました。

つまり引渡しイコール登記、引渡しイコール占有改定、としながら、登記勝つことの占有改定、というルールを作るのは矛盾する、優先関係が決まらない場面が出てきてしまう、ということを指摘し、新しい登記は先行した占有改定には勝てないとせざるを得ないという発言をしたのですが、まさにその私が発言した法制審議会の部会当日に、当日所用でお休みだった小林先生から、全く同じ内容の意見書が出ていた、ということがあったのです。結局その日から、法制審議会の議論の方向が変わり、現在の法律ができております。

もっとも、今でも、動産譲渡登記をもっと力の強いものにせよとのご意見はあります。私はそれに対しては、今申し上げた、優劣関係の決まらないいわゆる三すくみの状態を避けるために、占有改定を第三者対抗要件から引き下げなければそれはできない、もともと占有改定は条文上は動産物権変動の第三者対抗要件ではないのだから、扱いを戻す解釈か立法をしなければいけない、ということを申し上げております。

これは履修者諸君も間違えないでください。条文上は占有改定は一八三条で「占有権の取得」の一方法として規定されているにすぎないのです。これを一七八条の物権の譲渡の対抗要件と同等に見てよいとしたのは判例です（大判明治四三年二月二五日民録一六輯一五三頁、最判昭和三〇年六月二日民集九巻七号八五五頁）。法曹になる諸君は、まず条文から、という学習の鉄則をしっかり身につけていただきたいと思います。

③ 師弟コンビでのコラボレーション確立へ

さて、現在のパートナーである奥国範先生は、実はかつて法学部生として私の授業を聞いてくださった方なのですが、若くして、金融法務事情の研究会で判例評釈を書いておられたりして、これまた小林先生の後はこの人しかいない、と白羽の矢を立てた方です。今はすっかり奥先生とのペアが確立しまして、昨年（二〇一四年）七月五日に北館ホールで開催された慶應義塾大学法科大学院一〇周年記念講演会の、一〇年間の修了生代表九人が登壇してのパネルディスカッションでは、そのうちお二人の修了生が、実務と学理のコラボレーションとして最も印象に残った科目ということで、私と奥先生の金融法と金融法務WPを挙げてくださったという、大変うれしい出来事もありました。

こういうわけで、今私がある程度実務のことをわかった研究者として認知されているとしたら、これら優秀なお三方のおかげであると、これは間違いなく申し上げられます。

④　実務家との共同研究

さらに付け加えておけば、私は学会活動においても長く金融法学会のメンバー（現在副理事長）として個別報告やシンポジウムに関与してきておりますが、そのほかに私の学外の活動としてABL協会というものがあります。ABLすなわち動産債権担保融資については、今日のメインテーマでもあり、後で詳しく触れますが、現在私が理事長をしておりますこの協会は、いわゆる業界団体ではなく、法制研究会（委員長は中島弘雅慶應義塾大学大学院法務研究科教授）と実務研究会（委員長は堀龍児前早稲田大学法務研究科教授）という、二つの充実した研究会を走らせ、また新法や新制度について随時経済産業省や日本銀行等から講師を招いて会員解説会などを開いている組織です。そこで運営委員長をお願いしている中村廉平先生をはじめとする、ABL協会メンバーの弁護士、司法書士、金融実務家の方々にも私は多大なご教示をいただいてきたわけです。

またもう一つ、私が関係しているものに、流動化・証券化協議会というものがあります。ここでも私は幹事の一人としていただいて、弁護士や実務家中心の研究会に参加させていただいています。そういう意味では、私は日本の民法学者の中では、実際に実務家との交流が最も多いほうの一人ではないかと思っております。

民法中心の金融法とは——大企業と中小企業の資金調達の違い

さてそこで、本日のお話の核心に入ってまいります。先ほど後回しと言った、金融法の第三点の内容です。民法学者の私がなぜ金融法をやってきたのか、そして民法学者である私が金融法を作り上げる必然性はどこにあるのか、というお話です。

さきほど、第二点として、企業側からの資金調達法を考える、と言いました。けれども、ここが大変重要なのですが、資金調達といっても、大企業と中小企業ではその手段や内容が大きく異なるのです。つまり大企業の資金調達というと、新株発行による増資、社債やＣＰ（コマーシャルペーパー）の発行による外部資金調達、というものが当然のように考えられるのですが、多くの中小企業では、信用力の乏しさから、それらの手法によれない、つまり株や社債による市場性資金からの直接金融による資金調達ができない企業も多いということなのです。

しかも周知のように、日本の企業はその九九・七％が分類上では中小企業になります。労働者数でいうと約七割が中小企業で働いている、とされています。もちろんこれには業態ごとに、多くの業種では資本金三億円以下、従業員三〇〇人以下、小売業でいえば資本金五〇〇〇万円以下または従業員五〇人以下、などという中小企業の指標がありますので[4]、この指標に当てはまる中小企業の中にも、信用力も高く、問題なく市場性資金を取れるという企業も当然ありますが、多数の弱小零細の企業の場合には、株や社債を発行しても誰も買ってくれない、という企業が多いわけです。

ということは、これは会社法などのご専門の先生に失礼に当たるかもしれませんが、従来の法学部で当然のように教えてきた、株や社債などによる資金調達は、実は教わっても使えない企業が日本には多い、ということなのです。

つまり、現実には、中小企業の資金調達方法は、大企業のそれとは大きく異なっている。だからその中小企業の、株や社債によらない資金調達法を十分に研究し教育することが、実は世の中のためになる。そしてその中小企業の資金調達法の実際というのが、従来でいえば物的担保、人的担保による借入ということで、ほとんど民法の世界になる。これが、私の着目した第三点目であったわけです。ここに「民法中心の金融法」を学ばなければならない必然性があるということです。

つまり、「民法中心の金融法」というのは、民法が会社法や社債法、金融商品取引法などを学ぶ基礎になるという意味ではなく、文字通り民法の領域の資金調達手法が中心になる金融法の世界があるのだ、そしてそれを研究し教育することが、法科大学院の授業として有用というだけでなく、世のため人のための学問として重要なのだ、ということなのです。

中小企業の資金調達の行き詰まり――不動産担保融資と個人保証の限界

さて、株や社債による市場性資金の取り込みができない、多くの中小企業は、資金調達を金融機関等からの借入に頼るしかないことになる。その場合の担保として長年一般的に行われてきたのが、不動産すなわち土地や建物に抵当権を設定する物的担保か、保証人をつける人的担保というものであったことは言うまでもありません。

けれども釈迦に説法ということになりますが、抵当権は、その目的不動産の評価価額いっぱいに設定されれば、後は担保としては活用できず、したがってそれ以上は誰も融資をしてくれない、ということになる。しかも中小企業の保有している不動産はもともとそれほど多くないケースが一般でしょう。したがって、不動産頼みの融資は必然的に限界がある。

もう一方の人的担保としての保証の問題点については、ここで言うまでもありません。もともと中小企業の経営者が保証を頼める相手は限られていて、家族、親戚、仕事仲間に頼むケースが多い。そうすると、そういう個人保証には、家庭の崩壊、蒸発、自殺などという悲劇を生む可能性がある。自分で自分の会社の債務を保証する経営者保証は別だといっても、その経営者に名前だけ配偶者を入れていて、その人の個人保証を取っている場合もある。したがって、現在進行中の民法債権関係の改正作業でも、この個人保証の制限は一つの大きなテーマになっているのですが、民法の条文で規律することは、その名前だけの経営者をどう排除するかなどという点で結構難しい。

いずれにしても、不動産担保と保証に依存する資金調達は、必然的に限界とリスクをはらむものであることがわかっている。したがって、そこからの脱却は、現代の中小企業の資金調達のメインテーマなのです。ではどうしたらいいのか。

貸借対照表からのアプローチ

ここからがさらに重要な話になります。しかしここでは、民法の話に入る前に、まず企業の資産の話から入る必要があるのです。企業の資産と負債・資本の状態を示すのが、貸借対照表（バランス・シート）ですが、中小企業の資金調達法を理解する切り札が、実はこの貸借対照表なのです。法学部の講義ではもちろんのこと、法科大学院でも貸借対照表は教えてこなかったと思います。けれども、私の金融法ではそれが必須なのです。

レジュメを見てください、私の『民法はおもしろい』[5]に載せている概略図です。大まかに言うと、貸借対照表の右側の下に資本の部があり、これを調達するのが株式です。そして右の中央から上が負

貸借対照表
（単純化したもの）

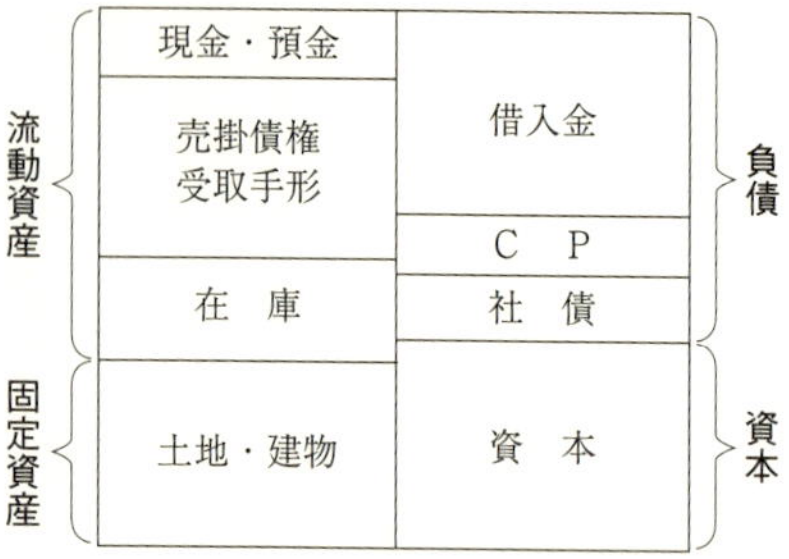

債の部で、大企業であれば、社債やコマーシャルペーパーなどで資金を調達し、さらに残るのが右上にくる金融機関等からの借入です。そこで思い出していただきたい。市場性資金の取れない中小企業の場合には、株や社債・ＣＰでの資金調達ができない。ということは、右上の金融機関等からの借入しかできない。

では左側の資産の部を見てみましょう。一番上に現金、預金があって、その下にいわゆる流動資産として、在庫や売掛金がある。そしてその下が土地建物などの固定資産、というわけです。だから、不動産担保借入は、左下の固定資産を使って右上の借入をする、というものです。では、それが行き詰ったら、どうすればいいのか。ここがポイントです。論理必然的に答えは見えるはずです。左側の資産の部で残っている大きなところは何なのか、ということなのです。

流動資産の規模とその活用へ

みなさん、こういう数字をご存知ですか。法人企業統計によると、二〇一〇年のデータで、全企業ベースで企業の保有する土地の総額は約一八七兆円である。これに対して、流動資産はどのくらいあるのでしょうか。こういうこともかつては法学部でも法科大学院でも教えてこなかったと思います。流動資産のうち、売掛金は、約一八二兆円、在庫等の棚卸資産は約一〇二兆円ある。毎年若干数字の動きはありますが、ほぼ売掛金が土地の総額に匹敵ないしは若干凌駕するくらいあり、在庫は土地の半分弱、という数字が示されているのです。いずれも相当の巨額なのです。ですから、この流動資産が、資金調達に活用されるべきである。というより、中小企業の場合は、先ほどの貸借対照表からわかる通り、この流動資産（売掛金、在庫）の活用に向かうのが、他に選択肢のない、論理必然の道なのです。ではどうしたらいいのか。ここでまた民法が登場するわけです。

売掛金の活用――債権譲渡担保

まず売掛金です。実際に企業間の売掛金の弁済のためには、従来は、支払いのために手形が振り出されることが多かったのですが、平成五、六年からは、手形レスの決済方法としての期日指定振込や一括決済方式が広まり、手形の利用は激減している状況にあります（このあたりはまた最後のほうで電子記録債権のお話に続けます）。ここではとりあえずその売掛金が民法上の指名債権としてそのまま存在している形を考えましょう。この売掛金と支払手形の総額が不動産と同じくらいあるのだったら、これを担保として活用できないのか。

そこで考えられたのが、債権譲渡担保、ことに将来債権譲渡担保というやり方です。債権質もできますが、わが国では伝統的に少ないです。言うまでもありませんが、債権譲渡については、民法の四六六条以下に規定があります。そしてわが国の場合、商法などには債権譲渡の規定がないのです。当たり前のように思っておられるかもしれませんが、実はこの点、諸外国では、商法、会社法関係で債権譲渡を規律しているところも結構あるのです。アメリカで債権譲渡や債権譲渡担保を扱うのはUCC統一商事法典ですし、ドイツでは、周知のように譲渡禁止特約の規定を明文で置くことは、日本民法はドイツ民法を真似ているのですが、あまり知られていないことですが、そのドイツは現在は商法で譲渡禁止特約の対外効を否定しています。けれど日本では債権譲渡は現在のところいわば民法の専属管轄ということになっています。では、この債権譲渡担保をどう使うのか。

ここにご出席の皆さんはよくご承知のように、将来債権を含めた債権譲渡担保契約をする。現在ある売掛金だけではたかだか三、四か月分ですから大した額にならないので、たとえばA社がB_1社からB_{10}社に対して向こう五年間に売り掛ける債権の想定される総額を担保にして、C銀行が五〇〇〇万円を融資する、などとやるわけですね。こういう取引が有効であることは、ご承知のように最高裁判例が認めています。債権譲渡をするのだから、将来発生する分も含めて、債権は一応すべて譲受人たる融資者のものになる。しかし、あくまでも貸金の担保のためですから、たとえば総額で六〇〇〇万円分発生したとしても、C銀行は全部取れるわけではない。貸金五〇〇〇万円と利息分をすべて回収したならば、残りの分は清算する（具体的には最初からAに回収委託をしておいて、回収させてそのままにする）という処理をすればいい。

売掛債権の担保としてのメリット

確かに、これはリスクのある取引ではあります。A社とB社の取引が続かないかもしれないし、どちらかがつぶれるかもしれない。さらに、売掛債権を担保にする、というと、今でも一般の方は、そんな不確実なものを担保に取るのか、という反応をされることがあります。けれども、受講者諸君、債権の信用力はどこで計るのでしたか。それを担保にお金を借りようとする中小企業の信用力ではありませんね。債権担保の場合、一番のメリットは、資金調達をしたい譲渡人の信用力ではなく、第三債務者、つまり当該債権の債務者の信用力が基準になるというところです。譲渡人債権者のA社に信用力がなくても、債務者のB社が大企業で信用力があるのなら、C銀行としては、零細なA社に対しても、B社のほうの信用力を基準にして、なにがしかの融資をすることができるだろう。複数の取引先があれば、中に優良なところとそれほどでもないところがあっても、一定の掛目でリスクが分散できる。

そして、A社が事業を継続できれば、次々に商品が作られ、それが売られて次々に売掛金ができる。その売掛債権を担保に融資が受けられれば、不動産をすべて担保設定してしまい、保証人ももう立てられないという企業も、また運転資金の調達ができるのです。

実はここにこそ、この後でお話しするABLなどに見られる、中小企業の二一世紀型資金調達の大事なポイントがあるのです。

資金調達の障害になる譲渡禁止特約

なお、債権譲渡担保という形をとる場合、先にもお話しした、債権譲渡を当事者が禁止できるという現行民法の規定が、この資金調達のネックになります。官公庁や地方公共団体が禁止特約をつけているときは、これを外してもらう必要も出てきます。そこで現在進行中の民法債権法改正作業でも、譲渡制限の合意として、従来の譲渡禁止特約の効力を制限する提案がされているのですが、これが非常に複雑な提案になっていて、思惑通りの効果が上がるかどうか、よくわかりません。つまり、出来上がった要綱仮案は、譲渡も有効だが禁止特約も有効とし（債務者は譲渡人に支払うことができる）、その上で預金債権は除外という複雑な案になっています。今日は時間の制約があるので詳しくは触れられませんが、この点はアメリカではUCC統一商事法典で譲渡禁止特約の効力を全面否定し、ドイツでも先ほど触れたように民法で認めつつ商法で対外効を否定しています。私は、私自身が作業部会に日本代表として参加したUNCITRLの国連国際債権譲渡条約が採用している、最初に預金債権などを適用除外としたうえで譲渡禁止特約の対外効を否定するやり方が最も簡明でかつ実効性があると主張してきたのですが、その点は私は銀行法務21の緊急寄稿シリーズなどに繰り返し書いていますので、そちらをお読みいただければ幸いです(6)。

集合動産譲渡担保

一方、在庫については、集合動産譲渡担保で調達する。つまり、一つ一つの品物ではなく、倉庫に入っている製品全部とか、いけすに入っている魚全部、を担保に取るのです。もちろんそれらは出たり入ったりします。売られれば出ていって減少し、仕入れられたり製造されればまた増える。こういう出たり入ったりするものも集合物という概念でくくって担保に取れる、これも最高裁判例が認めてくれています。しかし以前はこれを占有改定という、まったく公示力のない手段で対抗要件としていた。こういうものでは実際大銀行はなかなか融資をしないし、後述するように金融庁も適格担保として認めてくれていなかったのです。そこで先にお話しした、動産譲渡登記の制度を二〇〇四年に作ったわけです。

集合動産譲渡担保と将来債権譲渡担保

ここで少しだけ、学理のお話をしておきます。将来債権譲渡は、集合的に多数の債権を使うわけですが、なぜ最近は集合債権譲渡担保とはあまり書かないのでしょう。平成一〇年代の判決では、集合債権譲渡担保という表現も普通に見られたわけですが、最近私どもは、「集合動産譲渡担保」と「将来債権譲渡担保」というように使いわけています（もちろん、そうしない学者もいますが）。

これは、動産担保の場合は、対象を倉庫の中の品物全部とするようなときに、いわゆる集合物概念が伝統的物権法理論からすれば必須になるのに対して、債権の場合は、集合物概念を介在させる必要がない（あるいはそういう説明が逆に適切でない）からなのです。将来債権の束は、その中に発生しないものがあるとしても、集合動産のように増えたり減ったりするものではないということをまず理解しておいてください。この、債権の場合は集合的に見るのではなく一本一本の債権を見ていけばいいのだということを、学者は分析論などと名付けて、分析論対集合論などという議論を展開していますが、こういうネーミングには惑わされないで、いたずらに問題を難しく考えず、事柄の本質を理解するようにしていただきたいと思います。

動産譲渡担保の重複設定

なお、この関係でもう一つ言えば、君たちが最近勉強しているだろう、いけす内の養殖魚の事案で、動産譲渡担保が重複設定されている場合には後順位譲渡担保権者は私的実行をすることができない、とした最判平成一八年七月二〇日民集六〇巻六号二四九九頁について、実質的に後順位の譲渡担保権を認めた、と評価するのは、注意しないと誤解を招く表現です。つまり、優劣関係のある二つの譲渡担保権が認められるのですが、抵当権のようないわゆる「順位」の概念はないのです。そして判例は、「重複して譲渡担保を設定すること自体は許されるとしても、劣後する譲渡担保に独自の私的実行の権限を認めた場合、配当の手続が整備されている民事執行法上の執行手続が行われる場合と異なり、先行する譲渡担保権者には優先権を行使する機会が与えられず、その譲渡担保は有名無実のものとなりかねない。このような結果を招来する後順位譲渡担保権者による私的実行を認めることはできないというべきである」と判示した。

実はこの判決は、私に言わせればこういうふうに言わなければいけない、当然の判決なのです。なぜかといえば、この事案は占有改定なのですが、既に平成一六年（二〇〇四年）に動産譲渡登記の制度ができています。ということは、登記官は実質審査はしませんから、同じ動産がだぶって登記対象になることは当然ありうる。しかしその場合、時間的に劣後したほうの登記は、優先する登記に負ける。ただ、まったく無になるかと言うと、もし優先する登記によって換価処分がされてなお、債権額の関係で残った動産があれば、そこをカバーする劣後登記も生きる、ということになるはずだ。そうであれば、占有改定の場合も、同じことになる判断をしなければいけないはずで、だとすれば、この判決の判旨のようにせざるを得ないはずなのです。けれどもそれは、不動産の抵当権のような順位概念を入れたものではまったくないということに注意してください。

さて、こうみてくると、債権譲渡担保も動産譲渡担保も民法の問題です。そうすると、従来型の資金調達である不動産担保も個人保証も民法の問題ですから、つまり、中小企業金融の大部分のところは、基本法たる民法の勉強でカバーできるのです。だから民法はいわば中小企業の金融法なのです。

ＡＢＬとは

ここでようやく話はＡＢＬに入ります。さて、それならば、売掛債権の譲渡担保と在庫動産の譲渡担保をシステマティックに組み合わせた融資方法が考えられるだろう。これが、流動資産を担保として融資を考える、ＡＢＬ＝Asset Based Lendingなのです。Assetすなわち「資産」というと、伝統的には固定資産つまり不動産を考えるケースが多く、今でもメガバンクのアセットファイナンス部といえば、仕事の主流は不動産の担保や流動化などを行うものだと思いますが、ここでは、売掛金、在庫等の流動資産を指して使われていると思ってください。

こういう取引は、アメリカでは既に二〇世紀のうちから行われておりました。中小企業庁の資料によると、二〇〇〇年に米国では債権・動産という流動資産を資金調達に活用する比率が約一三％であったのに対し、わが国では、一九九九年の資料でわずかに一％でした。[7] 売掛金等の債権や棚卸資産を含む動産を担保対象とするＡＢＬは、米国ではすでに、取引残高が二〇〇五年末には米国企業（非金融事業）の借入残高全体の二〇％を占めるに至っているというデータがあります。[8]

さらに発想を発展させれば、一連の企業活動は、製品を作り、それがいったん在庫になり、販売されて売掛金になり、回収されて預金口座に入金される。この一連のライフサイクル全体をとらえた融資形態というものは考えられないか。つまり、売掛金がいくらだから掛目を考えていくら貸す、在庫を一括で売ればいくらで売れると試算できるからその金額を貸す、というだけでなく、企業の生産サイクル全体を見て、たとえば在庫を一括で売ったら買いたたかれて二五〇〇万円にしかならないけれど、コンスタントに売れば五〇〇〇万円にはなるとか、季節商品であと半年は売れない在庫だが半年持ちこたえればしっかり売れる、などという場合に、その企業の生産活動の価値全体をとらえて、売掛金、在庫、更には実際には手を出さないにしても売掛金が入金される預金口座、という形でサイクル全体を担保として評価をして、貸し付けを考える、というところまで進んでいけるはずです。これが商工中金が名づけたところの「流動資産一体型担保融資」の考え方です。そうすると、これは、企業のいわゆる運転資金を供給する融資に非常に適合的な形といえます。日本でこのようなＡＢＬと呼べる取引が実際に始められたのは二〇〇五年のことです。

こういうと、ある人たちが、在庫も売掛も押さえてしまうような担保の取り方は公序良俗違反だ、と批判しました。私はこの批判は全く当たらないと思います。なぜなら、その融資がなされなかったらどうなるか、考えてみてください。運転資金が回らなければその段階でその会社はつぶれる可能性が高いのです。しかし売掛金や在庫を担保にして融資することを考えてくれたら、運転資金が得られる。運転資金が回れば、営業が続けられます。そうすれば、最初は借金の返済ばかりで儲けが出なくても、やがて仕事を広げていければ、借金を返し、担保が外せ、儲けもだんだん自分のものになる。

そう考えたら、在庫も売掛も担保に取るというやり方がそのことだけで公序良俗違反になるはずがない、その逆です。ＡＢＬは、世のため人のための融資形態なのです。

ＡＢＬ実現のための要件

ただ、このＡＢＬが実現するためには、三つほどの必要な要件があります。第一には、その会社が優良な製品を作っていること。いいものならば、売れる。しかも、いい売掛先が出てくる。そうすれば、在庫が売掛に代わり、入金に至る。そうすると、やはり、まっとうに、いい仕事をしている中小企業でないと、この融資は受けられない。どんな企業でも救われるわけではありません。世の中にそんな甘い話はない。逆に言えば、いい仕事をしていれば救われるべき、報われるべきということです。もちろん、そうするとこういう融資をする融資側には、いい商品か、売れる在庫かというその目利きをする能力が必要になるでしょう。

第二には、融資側は、その企業が立ち直り、販路を広げていくようになるまで、在庫や売掛を譲渡担保に取ったといっても、発生するそばから全額回収するのではなく、従業員の給料や経営者の生活などに必要な費用は、手元で使うことを認めていってあげなければなりません。融資側にその部分のリスクテイクというかリスクシェアの発想が必要になるわけです。

そうすると、第三には、金融機関としては、貸しっぱなしではなく、いつもいわゆるモニタリングをして、在庫がどういう状態か、売り先はどういうところかなどとチェックをしていく必要があるし、融資を受ける企業側も、そういう情報を常に金融機関に開示するとか、こういう取引はしないとかの約束、専門用語ではコベナンツ条項と呼ばれるものですが、こういうものを守ってやっていく必要がある。財務データをコンピューターで管理して提示できるレベルのＩＴ化は、中小企業のほうもしなければならない。

こうして、ＡＢＬでは、金融機関と被融資企業が意思の疎通を図りながら、いわゆるリレーションシップ・バンキングを実現していくわけです。

「生かす担保」論

そこで私は考えました。法律学の世界で担保というと、これまで、債権者の債権回収の引き当てになるものという発想でしか考えてこなかった。もちろん、担保は債権者のためにあるものであることに間違いはないのですが、企業の資金調達のために売掛金や在庫を担保にとって、運転資金を供給するという場合には、その企業を存続させ、育ててこそ融資金の回収の道も広がる。そうしたら、ＡＢＬで取る在庫動産や売掛債権の担保は、「債務者たる企業を生かすための担保」という部分を持たなければならないはずだ。

つまり、債権者の回収のことばかりを考える担保ではなく、債務者のためにもなる、債務者を生かしていくための担保の取り方、担保権の行使の仕方、をこれからは考えるべきだろう。これは担保法の発想の転換になるべきものだ。

そこで私が二〇〇六年つまりわが国でいわゆるＡＢＬ取引とされるものが始まった翌年に書いた論文で示したのが、「生かす担保論」というものでした。(9) これは明治大学の伊藤進先生の記念論文集に書いたものなのですが、幸い各界のご支持を得て、二〇一二年の金融法学会でＡＢＬがシンポジウムのテーマに採用されたときには、中心となった中島弘雅教授や粟田口太郎弁護士のご報告などで取り上げていただきました。

なお、以上お話ししたのは、いわゆる日本型ＡＢＬで、アメリカではもっとドライに、たとえば百貨店の再建などで、ボローイングベースですべての在庫評価をして融資に入り、立ち直れなければ在庫を一括売却して終了、というＡＢＬの使い方も多いようです。

ＡＢＬにみる、「法律・制度が経済政策（金融政策）を手伝う時代」

さて、近年はずっと低金利時代が続いています。昔であれば日本銀行が通貨の供給量を増減させたり、貸出金利を上下させたりして景気の変動を調整できたのが、今はそれができないので、いわゆるゼロ金利政策では、とにかく通貨の流通量を増やす。でもそれでも中小企業などお金の回らないところにはなかなか回らない。そこで、法律や制度を作ってお金が回るようにする。そういうわけで、現代は、以前よりは法律や制度の役割が大きくなってきていて、ある意味でいうと、経済政策を法律や制度が手伝う時代になってきている。そのいい例をこのABLで示すことができます。

具体的に説明してみましょう。①まず法律は何をしたか。民法の特例法を作って、民法の公示制度と対抗要件制度を改善しました。これが先ほどの一九九八年に債権譲渡特例法で、債権譲渡登記の制度を創設し、二〇〇四年に今度は動産譲渡登記を作って、法律も増補されて動産債権譲渡特例法になったわけです。皆さんにとっては周知のことですが、債権譲渡については、大量債権の流動化などを考えると、民法の確定日付のある通知・承諾では手間もコストもかかる。それを、五〇〇個でも一〇〇〇個でも、譲渡人が企業などの法人ならば、金銭債権の譲渡については、その譲渡情報をひとまとめに磁気ファイル、つまりUSBなどに入れて中野にある東京法務局に提出なり郵送なりして法務局のコンピューターに登記すれば、確定日付のある通知の代わりになるという制度を作ったわけです。

これが非常に制度として成功し広く行われるようになって、たとえば二〇一二年の段階で債権譲渡登記の件数が一万二六一一件、債権個数にすると九二六九万三五九〇個という法務省の統計データがでています。(10) また二〇〇四年には、今度は動産の譲渡登記を作りました。これは単品でも、あるいは先ほどお話しした倉庫の中の品物全部というような集合動産でもいいのですが、譲渡登記をすれば民法の定める第三者対抗要件たる引渡しの代わりになる、つまり、占有改定と違って、はっきりした公示性のある第三者対抗要件が取れる、というものです。

これらによって、簡単にしかも登記という明瞭な公示力のある形で第三者対抗要件を取れるということで、譲受人が売掛債権や在庫動産を安心して譲り受けられるようになった。これがＡＢＬ発展の法的基礎になったと言ってよいと思います。

②さらに全国の中小企業融資を支援する信用保証協会が、この債権譲渡担保や動産譲渡担保による融資に保証を付けるという制度を作り、金融機関がよりリスクの少ない形で貸し付けられる状況を作りました。先にお話しした、二〇〇二年の売掛債権担保融資保証制度が、二〇〇七年に動産担保にも広げられて流動資産担保融資保証制度となり、業界ではＡＢＬ保証制度などと呼ばれています[11]。

③そして金融庁も、金融機関への指導指針を書いた金融検査マニュアルの中で、債権は以前から担保として認められていたのですが、二〇〇五年の改正で、動産も一定の条件で適格な担保として認めるという決定をしてくれました。実は、法科大学院の受講者はこういうところに疎いのですが、金融庁がこうやって認めてくれないと、金融機関としては動産を担保にとっても無担保の扱いになってしまい、そうすると引当金を積まなければならないことになるので、大手の都市銀行などはまず動産担保では融資をしなかったのです。受講者諸君、集合動産譲渡担保の判例を勉強する場合には、実はここまで金融政策を知らないと、取引の実態が見えてこないのです。

④さらに加えて、日本銀行は、二〇一一年六月に、五〇〇〇億円の資金供給枠を、ＡＢＬとベンチャー

企業向けに用意してくれました。この金額は、当時のＡＢＬ取引残高とほぼ同額という規模のものでした。現在はＡＢＬの取引残高は一兆円規模になっていますが、まだまだ小さいと感じられます。

以上のような、法律や制度の整備、官公庁の指導指針の整備等があって、トータルで、ＡＢＬの行われる下地が整えられたわけです。このようにみてくると、法律の側面だけを教えるのでは片手落ちということがよくわかっていただけるでしょう。

電子記録債権――手形代替からの普及

今日もう一つお話ししておくべきは、二〇〇七年に制定された電子記録債権法、これも私が最初から最後まで立法に関与した法律ですが、これによって創設された、電子記録債権のことです。これは、民法上の指名債権（売掛債権や貸付債権など）でも、手形法上のいわゆる手形債権でもない、第三類型の債権です。この電子記録債権は、民間に複数設置される電子債権記録機関のコンピューターに記録することによって発生し、記録することによって移転します。したがって記録は対抗要件ではなく効力要件です。

この電子記録債権が、現在、メガバンクの子会社の記録機関だけでなく、全銀協の作った電債ネットも稼働を始めて、手形に代わる決済手段として広く使われ始めている。ではこれが中小企業の資金調達にどれだけ役に立つだろうか、というお話です。議論の中心は、電子記録債権を決済手段としてではなく、担保手段としてどこまで活用できるか、またその場合に地方公共団体の参加がどこまで期待できるか、「将来電子記録債権」という概念はどう考えるべきか、などというところにあります。さらに、本日はお話しする時間がありませんが、私が当初から指摘している、既存の将来債権譲渡担保と電子記録債権譲渡のバッティングという問題もあります(12)。

つまり、この電子記録債権は、大量の手形を発行していた大企業が、電子記録債権決済に変えることによって、紙の発行の手間や印紙税の負担等から逃れられ、さらに手形になかった可視性、トレーサビリティを得られますから、大企業には確実にメリットがある。しかし、受け手の中小企業には、手形と違って分割譲渡などができる利点はありますが、手形割引による資金調達が電子記録債権譲渡による期限前割引現金化に代わるだけなら、たいしてメリットは増えない。そうすると、電子記録債権について私たちが経済産業省で中小企業の資金調達の円滑化を論じた研究会で最初に議論を始めたそのときは(13)、当時は電子債権と呼んでいたのですが、中小企業の資金調達に資するようにと始めたものが、大企業の利益にばかりなってしまうというアンビバレントな状況に立ち至ってしまうわけです。ですから私は、この電子記録債権の担保としての優良性に着目して、積極的な担保活用を推進することが、受け手の中小企業側の利益になるのだと力説しているわけです。

電子記録債権の担保活用

そこで一つの問題は、電子記録債権は、記録が効力要件ですから、記録によって発生し、いわばすべてが既発生の債権となる。したがって、将来電子記録債権というものは、言葉の正確な意味では、存在しません。将来発生するであろう電子記録債権を譲渡する、というのは、単なる予約的な合意に過ぎないのであって、指名債権における将来債権譲渡とは全く意味が異なるのです。したがって、たとえば売買代金債権にしても請負代金債権にしても、資金調達のために活用するには、債務者も協力する形での工夫がいる。

つまり、ポイントは、債務者がいかに早い時期で電子記録債権を発行してくれるかにあります。電子記録債権は記録すれば額の定まった既発生の債権なのですから、債務者は必ず払わなければならない。つまり、担保としては非常に適性が高い。これを、弁済期はずっと後でいいのですが、手形が出るタイミングよりももっと早く、債権総額の一部でもいいから先に電子記録債権にしてもらえれば、債権者はそれを担保に融資が受けられるわけです。

けれども、債務者はそれだけのリスクを負う。たとえば請負であれば仕事未完成のうちに代金総額の何分のいくつかの額を先に電子記録債権にするとします。勿論、請負人の倒産リスクをどこまで見るかという話になります。電子記録債権の場合は一部の抗弁だけを残すこともできますから、たとえば工事未完成の抗弁だけは残すとした場合には、融資者は、電子記録債権の確実性と、残された抗弁等を勘案しながら融資に入る。つまり、すべてのプレーヤーのリスクシェアの問題なのです。

具体的に言えば、地域の小規模だがいい仕事をしている建設会社が、大企業あるいは地方公共団体などの工事を請け負う。工事代金の一部を、工事未完成の抗弁つきで先に電子記録債権にし、それを担保に地方銀行がその建設会社に融資をする。勿論、工事未完成リスクは保証会社が加わってリスクテイクをしてもいい。こういうスキームが実際に考えられるわけです。[14] そして、そういう場合の、民法的、金融法的な課題はどこにあるのか、などという最先端の問題も、法科大学院の金融法務WPで取りあげてもいいと私は思っています。

リスクシェア、言葉を変えれば、共に生きる共生、これは先のABLの発想でもあり、私は二一世紀金融法の発想だと思っています。一人だけリスクを負わないとか一人だけ確実に利益を得る、という金融スキームは、必ずどこかで糾弾される。地域経済の活性化、ひいては市民の幸福、というレベルでものを考えたら、この、リスクシェア、共生、というキーワードは決して学者の理想論ではなく、実現させなければいけない必然の課題だと私は思っています。

法科大学院の民法教育における金融法的発想の必要性

それではたとえばこのABLなどを法科大学院でどのように教えるか。大事なのは、ABL実施のノウハウのようなものではありません。もちろん、その主要な構成要素である債権譲渡担保と動産譲渡担保については、ふんだんに教える材料がある。けれども、もう一段進んで、法科大学院における法学教育を私の言葉で「職能教育」つまり、法曹という職業人になるための専門技能教育として位置づけた場合に、何より必要であり重要なのは、「金融法的発想」というものなのです。

一例を挙げましょう。私の金融法務WPでは、契約書の条項の書き方も教えます。どういう紛争になったときにどういう契約条項が必要になるのか、そういう紛争を予防するにはどういう契約条項を置いておく必要があるか、という観点から、イマジネーションを鍛えるのですが、ついでに言っておくと、法学部生や法科大学院生は、このイマジネーションに乏しい人が多い気がします。机に向かってじっくり勉強し、教科書に書かれていたことを覚えて答案に再現する、ということは上手なのですが、起こりうる紛争を予測する、相手方の出方を想定して対案を考える、などということになると途端にできなくなる。けれどもそれこそがたとえば弁護士さんの一番必要な資質ではないですか。そうだとしたらそういうところを法科大学院で鍛えなければならないはずでしょう。

で、話を戻して、私はそういう授業の際に、表明保証 Representations & Warranties とかコベナンツ条項つまり誓約条項とか遵守条項と訳されるものなどの話をするのです。このコベナンツというのは英語 covenants のローマ字読みですから、本来はカヴナンツとでも表記したほうがよいのですが、これがＡＢＬのモニタリングの前提として必要になる。そこからようやく「金融法的発想」の話になります。

ＡＢＬで融資をする金融機関は、被融資者たる企業に対して、いつでも在庫状況を開示する、売掛先の企業と売掛状況の変化を開示する、などという約束をさせ、そういう誓約条項を基本契約書に入れておくのだということを教えます。さらに、それを遵守しなかった場合の効果、つまりサンクションについても、契約条項に書き込む必要がある。勿論それを裁判所がすべてその通り認めてくれるかどうかは裁判をしてみないとわからない部分もありますが、たとえば、「前条の遵守条項に違反があった場合には融資契約を解除する」と書いたとする。

そこで私は受講者の諸君に聞くわけです。「でもここで実際に解除したらどうなりますか」と。そうしたら、ある学生が答えました。「解除したら原状回復義務ができます」。そうではない、そんな答えを求めているのではありません。「そこで実際に解除をしてしまったら、運転資金の供給が断たれるので、被融資企業は倒産する可能性も高い。それはやはりＡＢＬを行っている金融機関にとっての一種の失敗なので云々」というのが、求めている「金融法的発想」からの答えです。だから、実際にそこで解除するかどうかは別にして、抑止効果のために遵守条項違反の場合は解除という契約条項を入れておく、というところまで理解させるのが金融法なのです。

こういう例はいくつでも出せます。たとえば、先にお話しした、私どもが作った信用保証協会のする売掛債権担保融資保証制度、これが現在は流動資産担保融資保証制度になっているわけですが、この売掛債権担保融資保証制度では、創設当時は、信用保証協会は九割の部分保証、ということにしました。その後現在では八割に変えられていますが、この部分保証とする理由は何ですか。

これも「金融法的発想」がないとわからない。理由は、融資者たる金融機関のモラルハザードを避けるためですよ。つまり、信用保証協会が十割保証をしてしまうと、どうせ信用保証協会が全部肩代わりしてくれるのだから、ということで、融資をする金融機関がしっかり審査をしないでやみくもに融資をしてしまう可能性があるから、それを避けるためにということで小林先生たちが考えたのです。この部分保証というのは、当時日本ではあまり前例のないルールだったようですが、既に諸外国ではそちらのほうが普通だったとも聞いています。

関連してもっと言うと、それでは金融機関のＡＢＬ融資をこの信用保証協会が保証した場合の、債権譲渡登記はどう記録するのですか。実務的には、譲受人欄は「○○信用保証協会他一名」と書かせるのだそうです。これも金融法的発想で理解してください。この債権譲渡登記は、信用保証協会の売掛債権担保融資保証が入っているものなのだな、と債権譲渡登記ファイルを見た人がわかるようにする。そうして、譲渡人について余計な信用不安を惹起させないようにするというわけです。

つまり、金融法的発想というのは、まさに人間のさまざまな行動に対するイマジネーションの問題なのです。そしてここにこそ、民法中心の金融法の要諦がある、法科大学院生に教える必要性がある、と私は思っているわけです。

金融法的発想の必要な例——賃料債権と抵当権の物上代位

もう一つ、判例法理の理解に金融法的発想が不可欠な例を、誰でも勉強しているであろう、賃料債権と抵当権の物上代位の論点で見てみましょう。あるとき、学生が、三七二条で準用している三〇四条が規定する、物上代位をする際の「差押え」の意味について、「特定性維持説、優先権保全説、第三債務者保護説のどれがいいのですか」という質問をしてきた。これこそ、金融法的発想の欠如した、ナンセンスな質問であり、やってはいけない勉強の仕方なのです。

というのはこれは、前の二つと最後の一つは考え方のレベルが違うのです。前の二つは、かつて、三〇四条の差押えの持つ意味について、物上代位は抵当権の価値権という本質から当然認められるという前提で代位物の特定性を維持するためのものという考え方と、抵当権者に特権的に認められるのだから優先権を保全するためのものだとする考え方の間で議論されたものです。これに対して、第三債務者保護というのは、まったく違う観点から出てきたものなのです。

まず、賃料債権と抵当権の物上代位については、いつから判例が続々と出始めるのですか。平成一〇年（一九九八年）からです。なぜですか。バブル崩壊後、不動産が値下がりして、抵当権を実行しても債権が十分に回収できなくなったから、賃料債権の物上代位をするようになったのですよ。この、時代背景の理解から入ってくれないといけない。

たまたまバブル崩壊直前にタイムリーに出されていた最判平成元年一〇月二七日民集四三巻九号一〇七〇頁が、賃料債権も物上代位の対象になる、抵当権の実行をしないで物上代位をしていい、抵当権の実行と並行して物上代位をしてもいい、と判示していたので、実務は賃料債権の物上代位での回収を盛んに始めた。そういう状況を踏まえて、最判平成一〇年一月三〇日民集五二巻一号一頁は、債権譲渡は払渡し又は引渡しに当たらない、払渡しまたは引渡し前の差押えの意味は、二重弁済を強いられる危険から第三債務者を保護する点にある、と判示した。それで先ほどの学生の質問、かつては差押えの意味について特定性維持説、優先権保全説があったのに今度の第三債務者保護説とどれがいいのか、という質問になるのです。

いいですか、まずその勝手に学説の争いのように並べて勉強するのはおやめなさい。判例は説を立てているのではありません。具体的な紛争解決のための解釈論理を提示しているのです。説を三つ並べてどれがいいかという勉強は愚の骨頂です。そんなところには平成一〇年判決のポイントはありません。

ではどこにあるのですか。考えてみてください、どうやったらこの事案で抵当債権者が勝てるのですか。債権の二重譲渡の優劣決定基準を思い出してください。つまり、確定日付ある譲渡通知と、抵当権者の差押えとを基準にすると、この事案では時系列的にいうと一番が譲渡通知で二番が差押えですから、賃料債権の譲受人が優先してしまうのです。ですから、バブル崩壊後の不良債権回収を手伝ったこの最高裁判決は、そうではない、公示力のある抵当権の設定登記時と債権譲渡通知時を比べるのだ、と言ったのです。そうすると、多くの場合、建設資金を得たりするので、抵当権設定のほうが時期が早い。つまり抵当権設定登記をいわばゼロ番にして、一番の債権譲渡通知に勝たせたのです。ちなみにこのゼロ番という表現は、私が考えたのではなく、小林明彦先生のオリジナルです。

そうすると、平成一〇年判決は、差押えの位置づけについて、それが優劣決定基準になるのではないのだ、という説明を考えなければならなくなった。それが第三債務者保護という説明なのです。だから結果的に、優先権保全説は優先順位決定機能を持たせることになりますので、一〇年判決とは両立できないことになった、というだけのことです。一〇年判決のポイントは、抵当権設定登記をゼロ番にして債権譲渡通知や譲渡登記に勝たせて、不良債権回収を支援した判決というところにあるのですよ。

民法（債権関係）改正作業と金融法的発想との乖離

さらについでに言えば、この、実務に対する理解の不足、イマジネーションの欠如というのは、現在進行中の民法（債権関係）改正で、学者委員がいろいろと中間試案までに出して、その後要綱仮案段階で消えた学理優先の提案の中にかなり見られます。一例として、中間試案までは、債権譲渡の対抗要件について、登記に一元化しようという甲案と、対抗要件から承諾をなくしたいという乙案があり、これらはどうも英米法に近づけたいと考えた学者たちの学理的な提案という感もあったのですが、私どもの予告通りパブコメで反対多数となってひっこめられるわけです。

このとき、登記一元化については時期尚早という意見が多数でしたが、承諾を対抗要件からなくすという提案には実務からさまざまな形で強い反発がありました。その中に、承諾は（異議をとどめない承諾の問題とは別にして）あるとなしでは、フロードリスクの違いがあるので、担保掛目にまで影響があるのだという実務界からの意見がありました。フロードリスクとはつまり、債務者抜きでできる債権譲渡の場合には、当該債権が本当に存在するのかどうか、譲受人たる融資者にはわからないこともある。架空の債権を譲渡される心配すらある。それを債務者が承諾したとなれば、異議をとどめたかとどめないかにかかわらず、債権の存在については安心できる、ということです。

これに対して、そういう実務上の評価に疎かったらしい法制審部会の学者委員からは、それは対抗要件としての承諾の問題ではない、という理屈のレベルでの反論があったようですが、対抗要件でもあるからこそ承諾を取るのであって、その承諾にそういうエビデンス効果が備わっているのが実務としてはメリットなのだ、という論理は、立派に一つの現行規定賛成論として成り立っていると私は思います。

さらについでに言うと、登記一元化を主張した学者委員は、盛んに現在の民法の通知・承諾という対抗要件の、債務者に情報を集めてインフォメーションセンターとするやり方を、不完全なものであり、問い合わせに答える債務者の負担になっていると批判していましたが、法務省が学者や弁護士に委託して実施した実務への聞き取り調査では、債務者は特段それを負担と思っていない、という結果が出たという事実もあります。[15] 実際、この債務者をインフォメーションセンターとするやり方は、債務者には回答する義務などないわけですから、もともと不完全なのです。それでも、債務者抜きででき る債権譲渡において、債務者に情報を集めることで何よりも債務者保護が簡易に図れるという利点があることを見落としてはいけません。ですから、大量譲渡の場合の確定日付ある通知の手間と費用を考えて作られた債権譲渡登記では、登記で第三者対抗要件は取れるけれども、譲渡を知らない債務者を不利にしないように、登記だけでは対債務者権利行使要件は取れないという構造になっているわけです。したがって、わが国の現状のＩＴレベルでは、当分は大量譲渡は特例法登記、単発譲渡なら民法の通知承諾、と使い分ける現状維持論が適切と私も思っているわけです。[16]

法科大学院教育は「職能教育」

話をより一般化して、法科大学院教育について申し上げましょう。最初に申し上げたいことは、法科大学院教育は、単に法学部教育のレベルを上げて詳しくしたものであってはならない、ということです。

私は、日本学術会議の法学委員長をして、法学分野の参照基準作りの作業をしたとき[17]にも強調したのですが、法学教育には段階があり、それぞれその内容や性質が異なる。それを、たとえば標準的に教えるべき項目一覧などを作ろうというのであればまったくナンセンスである。法学部三、四年生向けの教育を専門教育と呼ぶのであれば、法科大学院のそれは職能教育とでも名付けるべきものである。単に専門教育のレベルを上げて、学部では教えなかった判例や学説を法科大学院で教える、などという考えは正しくない。職能教育は、法曹という職業に就くための教育です。もっと正確に言えば、法曹という職業に「就かせるための教育」ではなく、法曹という職業に「就いたときに活躍できる人を育てるための教育」なのです。だから法科大学院では、そのための「感覚」や「発想」を教えなければならないのです。その点でこの金融法的発想が非常に重要なのです。

今回日本民法典にも、ようやく債務引受の条文が置かれそうですが、先日の授業で、手形レスの一括決済方式に債権譲渡方式と併存的債務引受方式があることを教えました。そのときに、なぜ債務引受方式は免責的でなくて併存的でなければならないのか、と問いかけました。そうすると、金融法的発想のない勉強家の学生は、一生懸命考えて「成立要件の点で併存的のほうが免責的よりも相手方の承諾を得なければいけない必要性が低いから」などと答えるわけです。その答え自体は、成立要件の考え方の方向性としては間違ってはいない。けれどもここでは的外れです。考えるべきはもちろん、債務者の資力の話です。しかしそれも、「債務者が二人のほうが一人よりも安心だから」という答えだったら中学生でもできる。「通常、手形を出さずに一括決済でやろうとするのは大企業で、一括決済を引き受けるのは金融機関の子会社等だから、資力や信用力の点で劣る引受会社が単独で債務者になるのは、債権者たる納入企業に不安が大きくなるから」と答えてくれなければいけない。

さらに言えば、手形を出さずに期日指定振込をするという一番簡単な手法があるけれど、これでは納入企業が困る。なぜか。という質問には、「期日指定振込では、手形の時には割引という形でできた期日前の資金調達ができなくなるから」と答えてくれなければ困る。これなど、中小企業の経営者なら即座に答えられることを一流法科大学院の学生がほとんど答えられないのです。

こういう金融法的発想を身に付けなかったら、いくら法文や判例を覚えていても、プロの法曹人としてやっていけないでしょう。職能教育である以上、受講する法科大学院の学生諸君にもその姿勢が求められる。基本書に書いてあることを覚えるだけではいけない。もっとその立場になりきってものを考える癖をつける、イマジネーションを豊かにする意識をもたないといけないのです。

法科大学院設立時からの教育上の問題点と私の対応（当日省略、本書籍上で補足）

さて、もう少し話を法科大学院の設立時からの問題点に広げましょう。ここでは恐縮ですが、私自身のことを少し話させてください。最初にお話ししたように、私は、この、慶應義塾大学法科大学院の設置準備段階から関与しながら、設立から昨年二〇一四年三月までの丸一〇年間、つまり文部科学省が許した併任限度期間いっぱいに、法学部教授と法務研究科教授を併任して過ごしました。実はそれは、意図的にというか、半ば意地になって続けた二足のわらじであったのです。

どうしてそうしたのかといいますと、私は、司法試験考査委員民事系主査として、新司法試験の構成を考える段階で、法科大学院がどのようなものになりそうか、かなり情報を得ていました。そこで、慶應義塾での設置準備会議では、法学部と法科大学院を同じ組織にして、継続一貫型の教育形態を実現することを力説しました。もちろん他大学から慶應義塾の法科大学院に入学する人が当然いることは前提にしていたわけですが、学部で二年間を一人の教員がゼミ指導教授として担当し、各学生の性格やものの考え方などまで理解して教えるというところを慶應義塾の法学部の利点と考えており、また職能教育としての法科大学院教育においても、その、個人の人格まで把握しての教育こそが効果を上げると考えておりましたので、法学部から法科大学院に進学した人にも、また旧来の大学院法学研究科に進学した人にも、そのまま教育が継続できるシステムが望ましいと考えたからなのです。

しかし文部科学省は、大学院修士課程をすべて法科大学院にする指導を始め、従来の法学研究科修士課程を残す場合には、法科大学院所属の教員は大学院法学研究科を教えることはできない、そして法学部と法科大学院の併任は一〇年を限度とする、というルールを作ってきたのです。

ですから私は、大学の組織として、法学部と既存の大学院法学研究科修士・博士課程、これは慶應義塾では従来から同じ組織なのですが、これと法科大学院とを一体のものとして作るべきと強く主張したのです。つまり旧来の法学研究科修士・博士課程と法科大学院は同じ組織にして、ただその中の専攻という形で分ければよい。そうすれば、学部の教え子が法科大学院（大学院法務研究科）に進学しても法学研究科に進学しても両方とも指導を継続できるのではないか、と主張しました（実際、一部の国立大学ではそのような形を採用しています）。

ところが、私の提案は、欲張りな理想論というだけでなく、当時の塾執行部の考えと全く反するものだったのです。というのは、当時の塾長・理事は、文科省の指導に従うのはもちろんのこと、それ以上に、別のことを考えていたのです。それは、学長主導の新しい大学院の研究科を、しかも独立採算で作る、ということでした。学長の権限を強め、トップダウンで大学経営をするというのは、最近、新聞紙上でもよく見かける話題かも知れません。これを当時の慶應義塾の執行部はお考えになった。今となっては時代を先取りしていたのかもしれませんが、当時は、まさに十年早いという批判もあったわけです。

したがって、塾当局の提案は、法科大学院と法学部・法学研究科はもちろん完全別組織、法科大学院は教授会に当たる研究科委員会の上に理事や外部委員も入る運営委員会を置く、というものでした。

さらに加えて、単位従量制という、授業料は一単位当たりいくらとして、取った単位の数で決まるという、これは今考えても納得できない制度を打ち出してきたのです。一方で法学研究科修士・博士課程は従来通り法学部と一体のものにして残しましたので、文科省の指導通り、法科大学院だけに所属する教員は、法学研究科修士課程は教えられない、ということになりましたし、法学研究科修士課程の学生が法科大学院の授業を聞くことは、クラスの人数の問題以前に、授業料が違うのだから聞いてはいけない、というのです。

当時は私なりに法科大学院教育に非常に熱意を燃やしておりましたので、それならば自分の理想の法学部・法科大学院継続教育を実現するために、たとえ自分一人でも制度的に許される限り両方を兼任し、かつ大学院教育においても法科大学院と旧来の法学研究科を兼務する、それが何より学生諸君のためにもなるはずだ、と考えました（法科大学院ではカリキュラム的にみて研究者養成ができるかどうか不安があるとも思ったわけです）。それで、最初にお話ししたように、ぎりぎりの二〇一四年三月末日まで、両方を兼任したわけです。

ただ、その後の塾法科大学院のスタッフの皆さんの努力で、単位従量制はようやく数年前に廃止され、法学研究科と法務研究科の院生の相互授業出席も実現し、二〇一三年度は、慶應義塾大学法科大学院が、合格者数でも合格率でも全国一位を獲得するという素晴らしい成果を得るに至ったことは、皆さんの記憶に新しいことと思います。

こうして、教員や学生諸君の努力があって今日の成果が上がっているのですから、私の意見は結果的にどうでもよかった、ということなのだろうと思います。ついでに言えば、一学年の学生数についても、実は当時の会議では、うまくスタートできれば後で増やせばいいではないか、ということで、かなり小規模のものとする意見が大学側にあったのですが、考査委員として入ってくる情報から、当時すでに私は後から増やすなどということは絶対に不可能、と感じていましたので、規模についても必死に東大、早稲田、中央の各大学とあまり差がつかない学生数をと発言をしていた記憶があります。今思えば、当時の私は、必要以上にとがった発言を繰り返す厄介者だったのだろうと、未熟さに恥じ入るばかりです。

ただ、一つ言えることは、私は、学者として、また教師として、これまでどんなときも節を曲げずにやってきたという自負があります。そして、振り返ってみると、その態度を貫いたことで、良い出会いやチャンスに恵まれ、結果的に、研究面でも教育面でも、ある程度の成果を収められたのではないかと感じているわけです。そのあたりのことが、今日のお話の中でも感じ取っていただければ幸いと考えています。いささか個人的な話に深入りして申し訳ありませんでした。

法科大学院教育と「半学半教」の精神

さて、ここからはもう一つ学生諸君に。君たちはいつも、グループ学習室以外にも空き教室を借りたり、一階の通路にある丸テーブルを使ったりして共同学習や自主ゼミを頻繁にやっていますよね。私は、あれがおそらく、全国の法科大学院の中でもことにわが慶應義塾大学が最も誇っていいものだと思っているのです。

慶應義塾の精神をあらわす言葉のひとつに、半学半教、というものがあります。半分学んで半分教える。どういうことかというと、福澤塾の開学の頃は、辞書も一冊しかないから、原書を先に読んだ者がほかの学生に先生役になって教えた。そういう時代の伝統がこの学塾には根付いているというのです。これは、教育システムという意味では、未分化の未熟なものと批判される状況なのかも知れませんが、私はそれがとりわけ法科大学院の教育のために適していると考えるのです。

というのは、法曹養成教育というのは、一人で机に向かって勉強するというだけでは決して良い法曹は育ちません。いくら熱心に授業を聞いて基本書を読み込んで、そこで得た知識を答案の上に上手に再現できても、いい法律家には決してなれない。法律は、人間（じんかん）すなわち人と人の間にあるものなのです。常に相手がいるのです。実学としての法律学は、コミュニケーションの学問といってよい。だから、法科大学院の学生諸君は、お互いに教え合い、議論しあうというトレーニングが必要不可欠なのです。

この半学半教の精神はまた、学生と教員の距離が近いという慶應義塾の雰囲気につながっています。私はこの南校舎に出入りするたびに、通路の丸テーブルで議論しながら勉強している諸君に挨拶され、またこちらから声をかけるのが非常にうれしいのです。

コミュニケーション能力と人間観察力

それから、私はいつも授業で、これはご出席の弁護士の皆さんには失礼に聞こえるかもしれませんが、「弁護士は究極の接客業である」と言っています。そしてこれは弁護士だけでなく裁判官、検察官についても同様に言えることだと思っています。

依頼者が何を望んでいるのかを知り、相手方がどう出てくるのかを想定し、どういう解決が依頼者の幸福になるのかを考える。民事の裁判官であれば両方の当事者の言い分からどうやって真実を探り当てて判断をするのか。やはり、コミュニケーション能力と人間観察力の勝負ではないですか。そうだとすれば、法科大学院の職能教育の場合には、単に条文や判例がどうだ、要件事実がどうだ、ということを教えるだけではなくて、こういうコミュニケーション能力や人間観察力をつけさせる教育をしなければいけない、と考えています。

ですから、私の金融法務ＷＰでは、ロールプレイングとして、ゲストの弁護士が依頼人役になり法科大学院生が弁護士役になって法律相談の練習をする、という時間を設けています。これは小林先生や奥先生のご協力で、毎年四人から五人の弁護士さんに来てもらって、半年のＷＰで二回、実施してきましたが、例年、受講生には非常に好評です。法科大学院生の諸君には、普段から、自分はすでに学生ではない、職能教育を受ける身なのだ、ということを自覚して、自分が就くべき法曹になりきるという意識で勉強してほしいと思っています。

実務と学理のコラボレーションの教育的実践
――ソクラテスメソッドを生かすために

もう一つ、今度は先生方に。とにかく今日が最後ですからいろいろお話ししておかなければいけません。最初のほうでもご紹介した、実務と学理のコラボレーションということですが、慶應義塾の法科大学院では、こういうWP以外に民事刑事の必修科目でも、学者教員と実務家教員が共同担当する科目が多い。これは大変結構なことだと思っているのですが、問題はそのやり方です。

教室に二人の教員がいるのだけれど、今週は主担当はAさん、来週はBさん、という進行になっている場合、その、副担当の人はどうするか。私のWPの場合、副担当は必ず最後の五分か一〇分、主担当の授業内容を補足したりするコメントをつける。ただ、ここまでは実際多くの授業でおやりになっているだろう。私が申し上げたいのはその上の付加価値です。

実務はこうだ、学理はこうだ、と紹介するだけでは、まだ二人いる意義が十分果たせていない。つまり、主担当の人が、ソクラテスメソッドで授業を進行させているとき、副担当の人は、学生の受け答えをしっかりチェックするのです。それも、答えが正しいか間違っているかという話ではない。聞かれた学生が、どういう着眼で、どういう答え方をしようとしたかをチェックするのです。そして、その学生の発想の偏りとか、論理の飛躍とかに気付いたら、それを、誰々君のさっきの答えの着眼は云々と具体的に注意する。その日の授業のしめくくりでそれをやることが非常に重要なのです。授業を進行する主担当の人は、いちいち流れを止めてそういう注意をすることは難しいので、副担当の人がそこをカバーする。これが私が考えている付加価値なのです。

また、そうしないと、ソクラテスメソッドは生きてこない。つまり、受講生はただ当てられたその場をしのげばいいという感じになり、後に身につくものが少ないように思われるのです。さらに言えば、ソクラテスメソッドでの質問内容も、民法総合などの必修クラスでは、どうしても予習したことを答えさせるものになってしまいますが、金融法のような自由選択科目では、その場で考えさせる質問をしたほうがいいと思います。

金融法的発想の要諦と民法（債権関係）改正

最後に、今日ご出席をいただいた研究者や法曹の方々、また金融実務家の方々の関心事と思われる、民法債権関係の改正作業についてもう一言触れておきましょう。私はこの改正論議に対して、当初から、是是非非の立場でかかわってきましたが、最初から異例ともいうべき学者主導の形で始まってしまったということもあり、この改正論議は実務の観点から、とりわけ金融実務の観点からするといろいろと問題が多いのです。

今日は個々の論点について批判等をする場ではありませんから、民法学者においても金融法的発想が必要なのだ、という話だけしておきたいと思います。

金融法的発想の要諦というのは、人間がどういう意図でどういう行動をするのか、ということを意識するところにあります。この人間行動学的な発想が民事立法には不可欠だと私は思っています。どういうルールができたら人はどう行動するのか、ということです。しかるに今回の債権関係の改正は、学者の頭で考えた、学理の整合性の検討ばかりが先に立って、実務の実態分析とその上の行動学的検討が不足していたように思います。

たとえば、先ほども触れた債権譲渡禁止特約については、今回その効力を弱める方向で考えてくださったのは大変結構なのですが、出来上がった要綱仮案は、譲渡も有効、禁止特約（譲渡制限の意思表示）も有効という複雑な案になっています。そうすると、たとえばメガバンクなどでは、譲渡制限特約があっても譲り受けていいのだ、と言われても、債務者が結んだその特約も法的に有効だというのなら、やはりウチはその特約に反する譲受けはしないようにする、という反応も多いのです。これではせっかくの改正が実効性を伴うかどうか、心配になります。

いずれにしても、一般論として今回の改正作業は、弁護士会が強調されたように、最初の立法事実の確認がおろそかになっていたことは紛れもない事実です。ただこれは法務省が当初から、問題のあるなしにかかわらず今回はまず広く問題を掘り起こしてもらいたいという基本姿勢でいた、だから中間試案から後は大幅にしぼりをかけた、と考えれば合点がいくことなのです。そのあたりのことは、今日は詳しくお話しする時間がありません。ちょうど現在発売中の『世界』（岩波書店）二月号に書いておきましたので、[18] そちらをご覧いただければと思います。

結びに代えて

さて、延長させていただきましたが、お別れの時間が近づいてきました。本日私のお話ししたポイントは、金融法プロパーで言えば、中小企業の資金調達は大企業と違い、民法の範疇のものが中心になるということ。また、二一世紀の金融の要諦は、リスクシェアと共生というところにあるということ。一人勝ちの金融は、これからの時代には存在しないと思っていただきたい。それから、金融法的発想というものが、民法全般の学習に役立つということ。人が何を考えどう行動するのかということを常に意識しながら学習していただきたい。

最後に一言。ある著名な法学者が、しょせん金融は虚業ですから、とおっしゃるのを聞いたことがあります。私は、それを聞いて、虚業だったら私は金融法の研究はしない、と思いました。私の考える金融は、常に実業であり、金融法学は実学である。つまり、世のため人のための金融でなければならない。金融法務の専門家になろうという受講者諸君、金融法務というのは、時によって何億というお金を動かす世界です。そのお金が右へ行くか左へ行くかによって、何十人、何百人という人が職を失ったりする世界です。常に世のため人のためを考えて物事を考え、行動してください。

君たちの将来に期待し、また慶應義塾大学法科大学院のますますの発展を祈りつつ、この最終講義を結びたいと思います。ご清聴ありがとうございました。

（注1） 中村廉平＝道垣内弘人＝山本和彦ほか・シンポジウム「法科大学院における金融取引法の講義内容試案」金融法研究（金融法学会）二〇号（二〇〇四年）三頁以下。

（注2） 池田真朗＝太田穣編著『解説・電子記録債権法』（弘文堂、二〇一〇年）。

（注3） 信用保証協会の売掛債権担保融資保証制度の成立に関しては、池田真朗『債権譲渡の発展と特例法（債権譲渡の研究第三巻）』（弘文堂、二〇一〇年）一一八頁以下参照。

（注4） 中小企業の指標について、現在わが国では一般に、中小企業基本法二条の定義に従っている。

（注5） 池田真朗『民法はおもしろい』（講談社現代新書、二〇一二年）。貸借対照表の概略図は一三九頁。

（注6） 私は、民法（債権関係）改正の中間試案が公表された後、債権譲渡を中心に四回にわたり銀行法務21誌上に「緊急寄稿」を発表して、なお残っていた突出した提案をいさめ、パブリックコメントの尊重を説いた。①「民法（債権関係）改正中間試案への対応提言」銀行法務21七五五号（二〇一三年）四頁以下、②「民法（債権関係）改正―要綱案へ向けさらに外部意見の表出を」同七六二号（二〇一三年）二八頁以下、③「民法（債権関係）改正―要綱仮案へ向け立法論の原点確認を」同七七一号（二〇一四年）三八頁以下、④「民法改正綱仮案になお残る問題提案―譲渡制限特約、債権譲渡と相殺、債務引受」同七八一号（二〇一五年）三八頁以下、がそれである。結果的に法務省当局はかなり適切に立法提案の絞り込みをしたが、四回目の緊急寄稿に記したように、譲渡制限特約、債権譲渡と相殺、それに隣接領域の債務引受について、疑問点が残っている。なお債務引受については、私は二〇一四年一〇月の金融

法学会第三一回大会シンポジウム「債務引受と契約譲渡の実務と理論―民法（債権関係）改正の金融法的検証」で詳細な批判的報告をしている（池田真朗「債務引受と契約譲渡―世界の立法動向と我が国の課題」として、二〇一五年春に近刊の金融法学会の機関誌『金融法研究』三一号に掲載予定である）。

（注7）中小企業庁・中小企業債権流動化研究会報告書「債権の流動化等による中小企業の資金調達の円滑化について」（二〇〇一年三月）一〇頁。

（注8）高木新二郎「アセット・ベースト・レンディング普及のために―米国での実態調査を踏まえて」NBL八五一号（二〇〇七年）八三頁。

（注9）池田真朗「ABL等に見る動産・債権担保の展開と課題―新しい担保概念の認知に向けて」伊藤進先生古稀記念論文集『担保制度の現代的課題』（日本評論社、二〇〇六年）二七五頁以下（池田・前掲注（3）『債権譲渡の発展と特例法』三二〇頁以下所収）。

（注10）法務省HP公表データによる。なお本講義を準備するに当たり、法務省からは毎年の公開データと最新の二〇一四年分の速報データを頂戴することができた（詳細は本書収録の法学部最終講義「債権譲渡研究の四十年―私の民法学」注（20）参照。既に利用実績が膨大な数字となっている債権譲渡登記は、二〇一四年に新たに始められた「事前提供方式」によって、更に便宜性を高めることが期待されている）。

（注11）流動資産担保融資保証制度については、池田・前掲注（3）『債権譲渡の発展と特例法』一三八頁以下参照。

（注12）将来債権譲渡担保を設定した将来債権（譲受人は特例法登記で第三者対抗要件取得済み）について、後に債務者が電子記録債権での決済を申し出て（特例法登記の場合、民法通知での対抗要件取得と異なり債務者は不知）、譲渡人がそれを了解したうえ、他の第三者にその電子記録債権を譲渡し、その後に譲受人が債務者に弁済請求をするケースを想起されたい。法務省の見解では電子記録債権は手形債権と同様、原債権とは別債権である。手形の判例（最判昭和三五年七月八日民集一四巻九号一七二〇頁）とパラレルに考えると、このケースで債務者は電子記録債権の抹消（支払等記録）と引き換えに支払うという同時履行の抗弁ができ、実際に他の第三者に渡った電子記録債権を抹消できない譲受人が負けること

になり、しかもこれは二重譲渡ではなく別異の債権の別異の処分と考えると、譲受人は第三者に対して不当利得の返還請求もできなくなりそうである。池田真朗「電子登録債権法制立法試論—売掛債権活用の観点から」金融法務事情一七八八号（二〇〇六年）一〇頁以下（池田真朗『債権譲渡と電子化・国際化』（債権譲渡の研究第四巻）（弘文堂、二〇一〇年）二〇二頁以下所収）。またその対応策として池田・前掲『債権譲渡と電子化・国際化』二六五頁参照。

（注13） 二〇〇三年一〇月から二〇〇四年四月まで経済産業省の産業構造審議会産業金融部会に置かれた、「金融システム化に関する検討小委員会」（前田庸学習院大学名誉教授）が、電子債権立法を初めて論じた。池田真朗「金融システムの電子化についての法的検討—「電子債権」への新たな取組みを中心に—」銀行法務21四八巻八号（二〇〇四年）二四頁以下（池田・前掲注（12）『債権譲渡と電子化・国際化』一二四頁以下所収）。なお、当時の名称は「電子債権」で、それがその後「電子登録債権」となり、最終的に電子記録債権となる。

（注14） 電子記録債権の担保活用のポイントは、いかに早い時点で電子記録債権を記録してもらうかという点と、関係当事者のリスクシェアの問題にある。担保活用の諸論点については、池田真朗「電子記録債権による資金調達の課題と展望」金融法務事情一九六四号（二〇一三年）一八頁以下、ことに二五頁。また池田真朗「『でんさいネット』開業から一年、電子記録債権の現状と展望」月刊金融ジャーナル五五巻二号（二〇一四年）七四頁以下も参照。

（注15） 商事法務研究会（委託研究）「債権譲渡の対抗要件制度等に関する実務運用及び債権譲渡登記制度等の在り方についての調査研究報告書」（平成二五年三月）の三頁から四頁の概要紹介（執筆者は小粥太郎一橋大学大学院法学研究科教授）では、「民法の債権譲渡対抗要件制度に関して、インフォメーションセンターとされる債務者の負担の大きさが問題視されることがあった。その負担のひとつは、債権を譲り受けようとする者からの、先行処分の有無を確認するための事前照会への対応であろう。ところが、本ヒアリングの結果からは、債権譲渡（譲渡担保権設定）の前に、インフォメーションセンターとされる債務者に対して先行処分の有無を確認するという作業が、それほど頻繁に行われているわけではないこ

とがわかる。すなわち、債務者が、そうした照会を受ける頻度も小さい。したがって、民法の債権譲渡の対抗要件制度において債務者がインフォメーションセンターとされているために各方面からの照会に対する回答が負担になる、という問題も、企業にとっては、必ずしも深刻な問題と意識されているようではない。別の負担としてあげられるのは、債務者にとって、対抗要件としての通知到達の先後の判断が容易でないおそれがあることである。しかしながら、本ヒアリングの対象となった複数の企業においては、郵便受付を社内で一元化することにより、債権譲渡通知を含む郵便物到達時刻の管理が行われているとのことであった。もっとも、多数の支社等を通じて広域で営業を行っている企業が、全社レベルで通知の到達時点を正確に把握するシステムを導入することは現実的でないとの回答があったことには留意が必要である。」とされている。

(注16) 法制審議会の債権譲渡の対抗要件に関する改正論議についての私見は、進行順に、池田真朗「債権譲渡・債務引受・契約上の地位の移転(譲渡)―法制審議会部会の配布資料「検討事項」の概観を中心に」池田真朗＝平野裕之＝西原慎治編『民法(債権法)改正の論理』(別冊タートンヌマン、新青出版、二〇一〇年)一頁以下、池田真朗「債権譲渡に関する民法(債権法)改正の問題点―対抗要件と将来債権譲渡についての法制審議会部会資料を基にした検討」慶應法学一九号(二〇一一年)六七頁以下、そして前掲注(6)の諸論考を参照。

(注17) 日本学術会議・大学教育の分野別質保証推進委員会法学分野の参照基準検討分科会報告「大学教育の分野別質保証のための教育課程編成上の参照基準：法学分野」(二〇一二年一一月三〇日発出)参照。

(注18) 池田真朗「民法(債権関係)改正作業の問題点―『民意を反映した民法典作り』との乖離」世界八六五号(二〇一五年二月号)二五八頁以下。

法学情報処理

——民事法の文献検索・引用法と論文の書き方

（日吉最終講義）

はじめに

青木淳一先生、ご紹介ありがとうございました。この講義が、私の日吉キャンパスでの、すなわち学部一、二年生向けの最終講義となります。本日は、履修者以外の学生や卒業生にも解放する公開授業として行わせていただくことになりました。また、この科目の共同担当者である、慶應義塾大学メディア・センター所長つまり慶應義塾図書館長でもいらっしゃる、文学部教授の田村俊作先生をはじめ、この講義で長年お世話になってきた、図書館の職員の皆様にもご出席いただきましたことを、大変有難く御礼を申し上げます。

本日の講義は、カリキュラムの上でいうと、法律学科二年生を対象とした後期半年間の「法学情報処理」という科目で学んだ文献検索・引用法を踏まえて、それを生かした論文の書き方を講述するものなのですが、最初に、この「法学情報処理」という科目の成り立ちと、その最初からかかわった私の、日吉キャンパスでの担当授業の歴史について少し話させてください。

フランスの Documentation juridique ――法学文献検索法

私は、法学部助手から専任講師に昇任する一九七八年から一九八〇年の二年間、福澤基金でパリ第

Ｉ大学に留学しました。このパリ第Ｉというのは、大学改革によって昔のパリ大学法学部を解体し、中心部分を第Ｉと第Ⅱに分けたもので、いずれも大学院はパンテオンの昔の法学部の校舎を使っていましたが、私が「法学情報処理」という科目に関心を持ったのは、その留学中なのです。

パンテオンの校舎近くのスフロー通り周辺に集まっている法律専門の本屋をあさっているうちに、**Documentation juridique** と題された本を見つけました(1)。英語で言えば **Legal documentation** になるでしょうか、つまり「法学文献資料の解説と検索・引用法」とでも訳すべき内容でしたが、私は日本ではこういう本をその段階で見たことがありませんでした。しかもフランスのそれは、いわゆる教科書シリーズの本の一冊だったので、すでにこういう授業がフランスの法学部では行われているらしいということに新鮮な驚きがあったわけです。日本に帰ったら、こういう授業もやってみたい、とそのときに考えました。

法学情報処理の誕生

帰国後最初の年に、専任講師として私が持った大教室授業は、この日吉キャンパスでの一年生の法学と政治学科の民法だったと思います。しかしそれは一年きりで、翌一九八一年からは私は、法律学科の債権各論（二年生配当、民法Ⅲ）を、師匠の内池慶四郎先生とクラス分けをして担当し、これがその後ずっと続くことになります。そしてその数年後、当時図書館長もされていた法学部の商法の高鳥正夫先生から、この「法学情報処理」の構想を聞かされて、私は留学時代からの関心をお話しして、喜んで協力をすることになった次第です。

そしてこの「法学情報処理」が開講したのは、一九八六年のことと記憶しています。高鳥先生が責任教員となり、文学部図書館情報学科の浜田敏郎先生と図書館職員の方々の協力も得て、日吉の二年生後期配当の科目として、三田の三年生から始まるゼミの学習、つまり専門課程の研究に備えるための科目としてスタートしたのです（当時のことは私が一九八八年の「法学教室」に書いています[2]）。つまり、最初に図書館ガイダンスの内容の授業があって、それから、図書館情報学科で教わるような一般的な文献情報処理の授業が前半の五、六回分続き、後半は、法学部の専任教員による、憲法、民法、刑法、国際法など主要法律分野の法学情報処理に関するオムニバス授業になる。この基本構成は現在も変わっていません。ただその当時はようやくコンピューターによる判例データベース構築が始まった頃で、実際にCD－ROMを使った判例データベース検索の実習が加えられたのは数年経ってからでした。これが今ではもちろんオンライン検索の実習になっているわけです。いずれにしても、当時としては画期的な授業で、他大学に先駆けての開講であったように記憶しています。

法学部法律学科と文学部図書館情報学科のコラボレーション

法学部と文学部図書館情報学科の本格的なコラボレーションという意味でもこれは画期的でした。浜田敏郎先生（名誉教授）、高山正也先生（名誉教授）、原田隆史先生（現在同志社大学教授）、上田修一先生（名誉教授）、そして田村俊作先生（文学部教授、本年ご定年）と、図書館情報学科の看板教授の先生方がご支援をくださったことにも、あらためて御礼を申し上げなければいけない。この、慶應義塾がわが国での先達として開設し実績を上げてきた図書館情報学科の全面的なご協力があってこそ、この科目は成功をおさめることができたのです。本日お見えになっている、この授業にかかわってくださった、歴代の図書館員の方々にも感謝申し上げます。最も受講者の多かった時期は、法律学科六〇〇名のうちの四五〇名ほどが履修をしていたのですが、近年カリキュラム改革に伴い、この第二学年後期配当の法学情報処理を第一学年の「法の基礎」などと同じ基礎科目に分類してしまったために、その「法の基礎」などを履修して単位を充足する学生が増えてしまい、受講者が一時的に減っていますす。この点は、この科目は法律学科の一年生に法学の手ほどきをするような基礎科目ではなく、三年生から始まるゼミの学習を準備する、いわば準専門科目、専門導入科目という扱いをすべきなので、現在私どもはカリキュラム中での位置づけ変更を働きかけているところです。

私と法学情報処理のかかわり

というわけで、私はこの法学情報処理の初代の幹事役を務めました。そして高鳥先生の定年退職後は、倉澤康一郎先生のもとで幹事役を続け、その後私がこの講義の責任教員を引き継いで、今日に至っているわけです。ちなみに、私は先に申し上げた債権各論と、その後三田で持つことになった債権総論を担当科目として長く講義してきましたが、二〇〇四年からは、三田で法科大学院が開講し、私はそちらの教授も併任することになったので、三田の債権総論は現在まで続けたものの、日吉の債権各論の担当が難しくなり、私の日吉での授業担当は、この法学情報処理だけになりました。毎年一一月頃に民法を中心とした民事法関係の判例や文献の検索法や引用法を一回講義し、一月の最終回にそれらを踏まえて論文の書き方の講義をする（これは開講以来、責任教員が最終回に行う伝統の授業です）という年二回の出講だけになったのです。

そのような次第で、本日の論文の書き方の授業が、私の日吉での最終講義となりました。大教室講義としては三田よりも長い、留学帰国の一九八〇年四月からちょうど丸三五年続けた、日吉での最後の教壇というわけです。それでは本題に入ります。

今日は公開の講義なので、ただいま申し上げた、昨年（二〇一四年）一一月に行った、民法を中心とした民事法関係の判例や文献の検索法や引用法の講義の復習もところどころに入れます。全体として、論文の書き方の授業の途中に、文献検索法とか引用法の話が入る構成と思ってください。また、これが法学部二年生配当の授業、そしてこの、かつては教養課程と呼ばれていた日吉キャンパスでの授業ということで、一部は法律学プロパーでない書誌学や語学・文学・美術等も意識した講義にしたいと思います。文献の引用・表記法についての一一月の講義のレジュメは、お手元に配布しておきました。

法学情報処理で学んだこととは

一一月の講義の「はじめに」のところには、法学情報処理で学んだことの意味、とあり、「テクニック」？「マナー」？「本質」？というお話をしたかと思います。つまり、文献の検索・引用法というのは、論文を書く上でのテクニックに過ぎないというものではない。また、引用の注をしっかりつけるというのは、単に執筆上のマナーというにとどまるものではない。それが論文執筆の、ひいては法律学という学問研究の、本質にかかわるものなのだ、といいたいのです。

確かに、文献引用法などは、マナーやエチケットのレベルを超えて、著作権侵害や不法行為の問題にまで結びつく問題です。出典の明示等には、昨今問題になっている、研究倫理の問題も絡んできます。現代のコンピューター化社会では、簡単にいわゆるコピーアンドペーストなどということができてしまうので、この問題はひと昔前よりも非常に重要度が増しているといえます。ただ、私がここで言いたいことは、そのレベルにとどまることではないのです。ではどういうことなのか。法学情報処理という科目では、テクニックやマナーを学んだという理解ではなく、学問研究の本質を学んだという意識でいてほしい、というわけなのですが、どういう意味で学問研究の「本質」なのか、というところは、この講義の最後の最後で明らかにしましょう。そこまでのお楽しみと思って記憶しておいてください。

「論文」と「レポート」の違い

では、本日の論題である論文の書き方に入る前に、「論文」と「レポート」の違いについて一言述べておきましょう。受講者の、ことに大学一、二年生の皆さんは、この二つはどう違うとお考えでしょうか。

いろいろな答え方があると思いますが、レポートは課題が与えられているもの、論文は課題を自分で探して設定するもの、という違いがもっとも本質的な相違ではないかと思います。

たとえば、三年生で私の民法ゼミに入るには、一万字の課題論文というのが課されるのですが、これも、「錯誤と瑕疵担保責任の関係」とか「物権と債権の移転」、「民法における外観信頼保護法理」などというように、毎年変わりますが五つほどのテーマを与えてその中から選択させるので、これもまだレポートの領域にあるものです。

つまり、論文というためには、その人自身のテーマ設定、すなわち「問題発見」「問題設定」が必要であるということになります。実はここがまず大変なのです。ことに、法律学科の学生諸君は、普段から机に向かって基本書を読んで、書かれていることを吸収してそれを答案に再現する、という能力には長けている、あるいはそういう学習には慣れているという人が多いです。けれども、そういう能力では論文は書けません。私は日頃授業でよく言うのですが、法律学科の学生諸君には、想像力と創造力、つまりイマジネーションとクリエイティヴィティが欠けている人が多いように思います。これが論文書きに一番必要な能力なのです。

そして、脱線するように思うかもしれませんが、法曹三者つまり弁護士、裁判官、検察官としてやっていくうえでも、実はこの能力が非常に重要なのではないかと私は思っています。

そしてもう一つ論文というために必要なのが、オリジナリティーです。これは独自性というより、「自己表現」と考えてください。もちろん法律学者の場合には、論文の着眼点にも分析手法にもまた結論にも独自性が発揮されることがたくさんありますが、研究者を目指す博士修士の諸君ならばそこまで要求されるにしても、たとえば学生諸君の卒業論文で、誰もやったことのない手法で、誰も考えつかなかった結論に到達するということはまずありえません。これは、法律学というものが、条文、判例に基づく規範学であるということから、自然科学と違って、過去の蓄積から一挙に飛躍することがない、という学問の性質にも根ざしますが、学生諸君が全く新しい分析手法やそれに基づく結論を導きだすことはなかなか考えにくい。けれども、たとえ誰かの考えた手法を組み合わせるなりそれらを取捨選択するなりという作業の中にも、その人ならでは、という意味の独自性は出てくるはずなのです。

ですから私は、法律の卒業論文の場合は、自分だけの一行を、ということをいつも強調しています。たとえば、実際にはゼミでは卒業論文の中間報告という形で指導を繰り返していますからありえませんが、私が指導する、性格も癖もよくわかっている学生たちが、名前を書かずに初めて読む論文を提出してきたときにも、私が読み進んでいるうちに、これは誰々君の論文だ、とわかるのが、自己表現のあるいい論文ということになるのです。

論文作成のプロセス①——テーマ設定

それでは、ここから具体的な論文作法、論文作成のプロセスの話に入りましょう。まず重要なのがテーマ設定です。理科系の研究室では、指導教授が研究テーマを与えるということが一般的かもしれませんが、文科系の場合には、ここで指導教授がテーマを与えてしまってはいけません。先ほどのレポートになってしまいます。

テーマ選択をする場合に、一番気を付けてほしいのは、「分野」と「テーマ」の違いです。たとえば、「僕は賃借権をテーマに卒論を書きます」と学生が言ってきたら、それはテーマではなくて、分野を限定しただけです、と私は諭します。テーマには、問題意識が反映されていなければ論文のテーマとは言わないのです。ですから、分野をいくら細かくしても、たとえば「不動産賃借権」としても「賃貸借契約」としても「敷金返還請求権」としても、それらはみな扱う分野を限定していっているだけで、論文のテーマにはなっていません。それがたとえば「賃貸借契約の解除」となれば、売買などの一回的な契約と違う継続的契約としての賃貸借契約についての解除の特殊性を論じる、という意味での問題意識がありそうだ、ということになりますし、「賃借権の物権化」となれば、民法典上では債権として規定されている賃借権に、利用権の性格があることからの「物権化」という論点を扱うのだなということが明瞭になります。

その上でもう一つ言っておきたいのが、自分の身のまわりに起こったことや、家族が経験したことなどをテーマにするやり方、いわば「身近なテーマ」は成功するか、ということです。これは、通信教育課程の学生などにも多かったのですが、たとえば、家族が自動車事故にあったことから、不法行為の損害賠償とか慰謝料請求権とかの分野でテーマを設定しようとするなどのケースです。このような着眼によるテーマ選びは、その論文を書き上げようとするインセンティブが強いという意味では結構なのですが、ともすると身近なテーマ選びをする人は、対象を客観的に見られず、最初から被害者保護の角度からの議論になったりというように、自分や身内の経験からその立場の擁護を図るなどの特定の意図が働いてしまって、当初から結論ありきの論文になったりして、客観性を失ったりするリスクがあります。そのあたりを十分気を付けていただきたいと思います。法律の論文の場合、説得力を持つためにはやはり客観性、中立性が必要です。

論文作成のプロセス②——第一段階の資料集め

そこで、いよいよこの授業の本題に入ります。法律学の論文の場合、資料検索という意味では、この論文テーマ選択の段階で、最初の、「テーマ選択のための資料集め」が必要になります。後の話との関係で、これを「第一段階の資料集め」としましょう。法律学の場合、他の学問以上に、条文、判例、学説という過去のデータから発想をするという必要があり、必然的にテーマ選択段階で一定の資料集めをすることになるのです。

実は最近の学部生の場合、まずこれがスムーズにできないのです。与えられた教材を咀嚼して答案に再現することは上手にできるのに、自分で探せと言われると何もできない。これは非常に困ったことです。ことに法律学科の学生にはそういう人が多いように思います。つまり、先ほどもお話ししたように、勉強家ではあるのだけれど、イマジネーションのほうの想像力と、クリエイティヴィティのほうの創造力の両方に欠けているのです。これでは、良い法曹にはなれませんし、企業に就職しても活躍できません。ですから私は、「卒業論文で何を書いたらいいかわかりません」と言ってきた学生には、「まあがんばりなさい」と言って何もヒントは与えないようにしています。

では、先ほど言った身近なテーマを選ぶ人以外は、どういうところから見つけるのか。勿論、新聞記事やテレビのニュースなどにも素材はたくさんあります。たとえば配偶者の債務を連帯保証して離婚や一家離散に至るとか、サラ金に返済しすぎたいわゆる過払金返還請求訴訟だとか、さらには、卵子を提供して子供を産んでもらう代理母だとか、これらはすべて民法の領域の問題です。

けれども、そういうセンセーショナルなテーマではなく、いわゆる条文解釈論で書こうとする多くの諸君はどうすればいいのか。その場合は、情報を、一般的なものから専門的なものに、順番にたどるのです。つまり、授業を聞いたりテキストを読んだりして興味を持ったところがあれば、もう一段詳しい体系書と呼ばれるものを読んでみる。そうすると、そこにはいくつか注がついている。それならば、その注に掲げられた論文を読んでみる。それで面白そうだなと思ったら、その論文の注に掲げられている論文や判例を読んでみる。これが私の言う、テーマ探しのための第一段階の資料集めです。この第一段階は、読み進めて行って面白くなくなったら、また別のテーマで同じことをやる。こうして、一定の情報量を得たところで、なお面白いと思えるものがあれば、そこにテーマを絞っていくのです。

なお、ここでいうテーマは、まだ論文タイトルというまでのものではありません。タイトルが決まるのはもっと後です。

論文作成のプロセス③——アプローチの方法を考える

テーマが決まったら、次にそのテーマに最適なアプローチ方法を考えます。これは複数ありえます。法律学の論文で一番多い、解釈論的な論文では、判例の分析とか学説の検討、立法沿革の研究などが挙げられます。たとえば第一章で立法沿革を調べ、第二章で判例の変遷を調べ、などという複数のアプローチ方法を組み合わせて、論文を作っていくわけです。語学の能力にもかかわりますが、比較法というアプローチ方法もあります。

ただ、このアプローチ方法は、テーマによって多様に考えられます。今挙げたようなよくあるアプローチ方法のほかに、たとえば夫婦別姓の是非を考える論文であれば、世代別、地域別、職業別のアンケート調査なども考えられますし、入会権など法社会学的なテーマであれば、現地調査なども考えられます。そんな大がかりなアンケートや現地調査でなくても、たとえば金融に関するテーマならば銀行や商社に行って実務家から聞き取りをするなどということは、最近はかなりの学生諸君がやってくれています。

大事なことは、テーマ設定に合ったアプローチの方法が見つかっているか、ということです。解明したい問題に対して適切な手法で迫れるか、ということですから、テーマが具体的に設定され、それに対する適切なアプローチ方法が考えられているか、というあたりで、既に論文の成功不成功が三割方は見通せる、と言っても過言ではないでしょう。

論文作成のプロセス④——第二段階の資料集め

さて、そこまで進んだら、第二段階の資料集めです。これが最も中心の資料集めで、文字通り論文作成の「資料」を集める作業になります。なお、資料集めは以下の段階でも継続して行います。

そこで、さきほどの判例や学説を調べるアプローチをとった場合なのですが、ここで、すでにこの授業で学んだ法律文献資料の検索法、データベース検索の仕方などがまさに役に立つわけです。

この資料集めの重要性は、一一月の授業でもお話ししたように、法律学では他の学問分野以上に強調されなければなりません。法律学では条文、判例、学説という、研究の前提データがあり、それを踏まえない研究はありえないからです。ここに、この「法学情報処理」という科目の本質的な重要性があるわけです。ただ、そこで忘れずに言っておかなければならないのは、「データからの発想」ということです。データを集めて整理し紹介しただけでは論文とは呼べない。正確なデータ収集をしたうえで、そこから独自の発想をすることが法律学でも必要なのです。

情報のソース——先ず条文、そして判例

それでは今日はそれら法律学研究の情報の源の話を少し広い角度から補充しておきましょう。

法律学において、情報の重要度、あるいは学習の順序ということでいうと、まず条文、そして判例、というのは本当に当たり前のことなのです。それが、いつのころからかわが国の法律学では、学説が異常に偉くなってしまって、条文や判例を押しのけて学者が偉そうに学説の争いを説く講義が行われるようになった。私は、学生時代から、そういう授業の受け売りで法学部生たちが僕はA説だ、私はB説でいく、などと議論しているのを、違和感を持って見ていました。つまり、みんなよく勉強していてすごいのだけれど、法というものは、世の中の紛争を解決するための、あるいは事前に紛争が起こらないようにするためのルールなのだから、そのルールがどうなっているのかを素直に勉強していけばいいはずのものであって、ある大先生がAだ、別の大先生がBだ、と言っているのを覚える学問ではないはずだ、と考えたのです。だから、紛争解決のためにまずどういう法律のどういう条文が使われるのかを探す、次にその条文のルールで足りないところを判例がどう埋めているのかを調べる、これが素直な、そして正しい、法律の勉強の仕方なのです。

『百科全書』における法律学の扱い

少し歴史的な話をしましょう。そもそも法学というものは歴史の古い学問です。中世の大学でも、神学や哲学などと並んで早い時期から教えられていました。それから比べればずっと現代に近い近代の話になりますが、君たちは『百科全書』というのを世界史で勉強したでしょうか。フランスの歴史上、というか一八世紀当時の世界史上最大の百科事典編纂事業です。文字だけの「本文」が一七巻、別に「図版」が一一巻あり、一七五一年に「本文」第一巻が出てから二二年かかって、一七七二年に全巻の刊行が終わるという壮大な事業です。これをディドロとダランベールという二人の共同編集者が引き受けてはじめるのですが（詳しくは文学部名誉教授の鷲見洋一先生のご本を見てください[3]）、彼らのまずすごいのは、「人間知識の体系図」という、系統樹を作ることです。この図は、一七五一年に刊行された「本文」第一巻の冒頭近くに、折込みの形でついています。慶應義塾図書館は貴重書としてこの百科全書のオリジナル本を持っておりまして、その「人間知識の体系図」をパネルにしたものがこれです。図書館のご厚意で、昨年夏の三田での展示に使われたものを貸していただきました。

この中で法学がどこにどう書かれているか、ということなのです。先に述べたように、この『百科全書』第一巻が出たのは一七五一年です。これは、近代民法典の最初とされるフランス民法典、いわゆるナポレオン法典ができるのが、市民革命後の一八〇四年ですから、したがって、それよりもまだ五〇年も前の話です。

ディドロとダランベールは、この「人間知識の体系図」の根源にまず「知性（悟性 entendement）」というものを置きます。そして知性が有する働きを、記憶力、理性、想像力の三つに分け、その理性の分野の最初に哲学を置き、そこから①一般形而上学、または存在論、または存在一般・可能性・実在・持続等に関する学問[4]、②神についての学問、③人間についての学問、④自然についての学問、と分け、その人間についての学問を、さらに①精神論、または心についての学問、②論理学、③倫理学、と三分し、その倫理学を一般的と特殊的の二つに分けた後者が、この法学なのです。ようやくたどり着いたそこになんと書いてあるか、これを申し上げたいためにここまで時間がかかりました。

そこのところは何と書いてあるかというと、それが Sciences des Lois, ou Jurisprudence とされているのです。これは、現代のフランス語では、Lois が法律、Jurisprudence が判例ですから、すなわち「法律の学問または判例」、などと訳すべきものになりそうですが、Jurisprudence は古語としては「法学」の意味で使っていたのだそうです。[5] ですから、Lois の後のカンマを重視しかつ Jurisprudence は古語での使い方とすると、前後は同じことを言っているので、「法律の学問すなわち法学」とでも訳すことになりそうです。[6] ちなみに、ちょっと余計なことまで申しますと、この「人間知識の体系図」では、法律学の下位概念が三つに分かれて、自然法学、経済法学、政治法学となっています。今では経済学部や政治学科の先生に怒られそうですが、当時は経済学や政治学は未発達で、法学の下に分類されていたのです（実際、日本の旧民法典の財産法部分を起草したフランス人法律学者ボワソナードは、来日前にグルノーブル大学やパリ大学で経済学の講義もしています）。

というわけで、少なくとも、フランスでは民法典ができるずっと以前から、Jurisprudence という言葉があって、これがどの時期からか「法学一般」を指す言葉から「判例」という意味に特化した用語法に確定してくる、ということがいえるのだろうと思います【末尾補注参照】。

いずれにしても、現代のフランスでは、Lois が法律ないし実定法、Jurisprudence が判例ないし判例法、という用語法が確立していますので、今ならばここはおそらくSciences des Lois et Jurisprudence「法律と判例の学問」となるべきだろうと私は思っている次第です。

以上、法律学が法律と判例を学ぶものであるということを歴史的な視点から確認するために、これだけのことをお話ししたわけです。

情報データとしての判例の正確な引用

ここで、秋の授業でお話ししたことの復習として、判例の正確な引用とその格付けの話をしておきましょう。

最高裁の判決の中から選りすぐられたものが、公式判例集である『最高裁判所民事判例集』に載ります。つまりそれらは、裁判官が作る判例委員会で選定された、いわばお手本になる、最高裁判例の中でも特に強い先例拘束性を与えられるような判決、ということです。したがって、民間の判例雑誌である判例時報、判例タイムズ、金融商事判例等々のどれかには、ほとんどすべての最高裁判決が収録されるけれども、最高裁判所民事判例集に載るのはそのうちの一部だけですから、民事判例集に載ったものは、引用の際は民間法律雑誌ではなく最高裁判所民事判例集で引用する。つまりそれで、その判決の格付けが分かる、ということです。

それで、最高裁判所民事判例集は「民集」と略します。ですから、判例の引用は、たとえば最判昭和〇〇年〇月〇日、民集〇巻〇号〇〇頁とする。ここまでは法律の学生なら誰でも知っている。勿論、年月日をピリオドやナカグロと呼ばれる点にして、昭四九・三・一九などと表記する場合もあります。

この授業の受講生以外の学生諸君もおられるので繰り返して言っておくと、判例の引用は、裁判所と年月日だけではいけませんよ。最判昭和〇〇年〇月〇日、で切ってしまってはいけない。なぜですか。当然ですね。最高裁でその日に複数の判決が出されていたら、年月日までの引用では、判決は一つに決まりません。だから引用にならないのです。ですから掲載判例集や判例雑誌の巻号頁をつけて、初めて一つに決まって、特定の判決の引用になるわけです。勿論、同じ論文などの中では、一度正確な引用をつけておけば、後で同じ判決がまた出てくる場合には、「前掲最判昭和〇〇年〇月〇日」でも構いませんし、「前掲最高裁〇〇年判決」でも紛れがなければ結構です。それから判決には事件番号というのがついていますが、事件番号ではこの判決と同定はできても参照ができないので、一般の判例引用には使われません。

なお、最高裁の場合でいうと、一五人の裁判官がすべて参加して開かれる大法廷の判決と、五名ずつが所属している三つの小法廷での判決があります。どういう場合に大法廷が開かれるのかもお教えしましたね。その法廷の区別をつけるために大法廷判決は、「最大判（さいだいはん）」とし、一般の小法廷判決の場合はたとえば第三小法廷判決であれば「最（三小）判」などと表記することもあります。

大審院判決について

では大審院判決はどう引用するのですか。明治八（一八七五）年から昭和二二年までの判決は、最高裁判所の前身である大審院で出されています。この大審院は、組織としてはダイシンインですが、法学者は昔からタイシンインと発音してきました。どうも法学者だけでなく、マスコミでもそう扱ってきたようです。NHKの出しているハンドブックでも、放送上の表現としては「だいしんいん」ではなく「たいしんいん」と読むと解説されています。[7]

大審院は、実は前期と後期で、正式の収録判例集が異なります。明治八年から大正一〇（一九二一）年までのものについては『大審院判決録』（民事之部・刑事之部）に、大正一一（一九二二）年以後のものは『大審院民事判例集』『同刑事判例集』に収録されて公刊されているのです。もっと正確に言うと、前期のものは明治二八年からが東京法学院、今の中央大学の発行で広く流布しているのですが、それ以前のものは法務図書館などに残されているのみで、昭和になってからその一部が復刻されています。[8]

大審院なんて昔のことは、などと思うかもしれませんが、大審院時代の判例が生きている、つまり今でもある条文の解釈論理としてその判決が先例として引用すべきであるというものは、たくさん存在します。このへんが、法律学の特殊なところで、経済学などと違って図書館でも古い本が捨てられないのが法律学です。さて、それら大審院での判例は、最判ではなく大判と表記しますが、この読み方も、先にも触れたとおり昔から法学者は「だいはん」ではなく「たいはん」と呼んでいます。そこで問題なのはその後の引用です。巻、号、頁ではないのですか。違います。

前期は、大審院民事判決録ですので、民録と略します。注意すべきはその後です。〇〇輯〇〇頁とするのです。前期の大審院民事判決録は、一巻二巻ではなく一輯二輯と数えるのです。今の大学生になったばかりの人は、この輯（シュウ）の字が読めません。中には頁（ページ）も読めない人がいるのでびっくりします。項目のコウと読み間違えるのですね。頁が読めないのは流石に困りますが、輯が読めない人はもう大多数です。

ちょっと脱線しますが、以前朝日新聞のコラムで、早稲田大学名誉教授の中村明先生が、「『編輯』が「編集」となった時、編「輯」者だった吉行淳之介は職業が変わった感じがして、「おれは車偏でないと働く気がしない」と言ったそうだ」と書いておられます。(9) このエピソードが本当なら、吉行が出版社勤めを始めるのは昭和二二年ということなので、(10) 第二次大戦後の、昭和でいえば二〇年代の半ばくらいまで、編「輯」者は普通に使われていたことになるでしょう。中村草田男の有名な一句「降る雪や明治は遠くなりにけり」ではないですが、昭和も遠くなりつつあると実感します。

さて、本題に戻って、前期大審院の判決は、したがって、たとえば「大判明治〇〇年〇月〇日民録〇〇輯〇〇頁」と引用します。号はつけません。これはなぜかと言えば、当時は月一回の発行ではなくて、二四、五回発行されているのです。それで号をつけるのは煩瑣であるのでつけないということのようです。もう少し詳しく言っておくと、民録一輯というのは、明治八年（一八七五年）の最初のものではなく、明治二八年（一八九五年）の判決です。つまり東京法学院発行となった年から数えています。それ以前のものは、先ほどお話しした復刻版で見るしかないのですが、復刻は明治八年から明治二〇年のものまでで止まり、二四年からがまたあるのですが、その間はないようです[11]。

これに対して後期大審院のものは、大審院民事判例集ですから、略称は民録ではなく、民集になります。最高裁判決とそこは同じになるわけです。また、この段階から車ヘンの輯ではなく集める集を使うようになっていますので、そこも最高裁判決と同じです。しかし後期のものも号は通常つけませんから、たとえば「大判大正〇〇年〇月〇日民集〇〇巻〇〇頁」となります。なお、最高裁の大法廷に当たるものは連合部といいますから、「最大判」に当たる表記は、「大連判」（たいれんぱん、と一般に読む）になります。この連の字も当時は耳ヘンの聯という字を書いていました。

長々と説明をしてしまいましたが、年配の法律のプロなら皆知っていることです。ただ学生諸君には、若い先生方が詳しく説明しないと知らないままになってしまう知識なので、この機会にと思い、お話ししました。

大審院判例も法律学の研究データ

もう一つ言っておくと、最近の学生諸君は、大審院判決がよく読めません。文語体の文章でかつ最近では使われなくなった漢字も多いからです。けれども、大審院の判例も先ほど言ったように生きている判例が多数ある。ということは、それらは法律学の上で生きている資料です。ということは、それらが読めないということは、たとえば物理や化学を専攻している学生がデータを読めないのと同じことです。ですから私は、自分が編著で出した、判例学習書である『判例学習の **A to Z**』（有斐閣）では、例の権利濫用のリーディングケースである宇奈月温泉事件（大判昭和一〇年一〇月五日民集一四巻一九六五頁）の判決の原文を抄録して、難読文字一覧というのもつけておきました[12]。声に出して読んでいただくと、口調のいい名文であることがわかります。

学説は条文、判例の後

さて、それでは情報ソースの話に戻しましょう。まず条文、次に判例、それから学説、これは法律学の情報検索においても、そして法律学そのものにおいても学ぶべき順序です。ところが、君たちは多くの場合学説を重視しすぎる。これは、これまで教えてきた学者たちがいけないところも大いにあると思います。やはり、学者は自分が偉そうに見せたいのでしょうね。ことに法律学にはそういう権威主義的なところが昔からあった。これは法律学者が反省しなければなりません。もちろん、私は法律学における学説の重要性を否定するものではありません。たとえば、条文が作られた当初の意味通りに使われていないことを指摘して解釈の是正を求めるとか、判例がある価値基準に重きを置きすぎていて、別の、今の社会により適切な基準から言えば違った結論が出てくると指摘するものとか、そういう学説は価値があります。そういう学説が判例を変え、法改正につながることもある。そうなればそれは学説の功績です。

けれども、世の中には単に学者の思い付きや自己満足で語られている学説も多い。たとえば、債権者の権利を強めるためにはこういう解釈がいい、という学説があるとします。しかしその学説が肯定されるためには、その場面で、条文中で考慮されている判断基準や、あるいは判例が示している判断基準よりも債権者を保護すべき必然性や合理性があることが必要なのです。それなしに、こう解釈すれば債権者がより保護される、というだけの学説とか、債権者が保護されるほうが取引が活発になるからというだけの学説（なぜそこで取引が活発になるほうがいいのか、その結果債務者の保護が薄くなることがなぜ適切なのかに答えていない学説）が結構たくさんあります。学生諸君がそういう説が書いてある教科書を暗記するように読んでいるのを見ると私は学者の一人として本当に困ったことだと思うのです。そんなどうでもいい学説は相手にしなくていいのです。

判例は説を立てているわけではない

ついでに言うと、私が一番いけないと思うのは、「私はA説である、あの学者はB説である。判例はC説だけどね」という説明をする学者です。まず、判例は、説を立てているのではありません。一つ一つの紛争の解決に際して、条文のこれまでの解釈による当てはめでは足りないので、新たな解釈基準を作って、その紛争をよりよく解決しようとしているのです。別にどの説を取ると言っているわけではない。その判例が個別紛争の事案に対して立てた準則を、学説が何々説と名前をつけているだけです。

それから、教え方の順序が違う。自分の学説を挙げて最後に判例は違うけどね、という講義をしてはいけない、そういう教科書を書いてはいけない。初心者を迷わすばかりです。けれども、非常に著名な教科書にもそういうものがあるので、どうか注意をしてください。法律学者はそんなに偉いものではないし、偉ぶってはいけないのです。

まず条文でどれだけの紛争解決ができるか、そして次に判例でどこまで広げた紛争解決ができるか、そこになお残る問題があるとすれば、初めて学説の出番で、学者たちが、こう考えればより良い解決ができるのではないかと考える。これが普通の学説の出番です。

比較法の意義

もちろんそれ以外にも、世界では同じ事象について違うアプローチをしている国がありますから、そういう制度を比較して研究する、などという場合には、それを調べて紹介する学説には一定の意味があります。けれどもそこでも、フランスではこうだ、ドイツではこうだ、アメリカではこうだ、とただ調べて書いている論文はレベルが低い。だってそれでは、このデパートではこういうものしか売っていないのに、あのデパートではこういうものも売っている、と紹介しただけのものでしょう。そうではなくて、日本で今こういう問題が既存の条文だけはうまく解決できない、けれどもこれがたとえば違うやり方をしているドイツの例では、うまく解決できる、と書いたのなら、少しは意味がある。でもそれではまだ足りない。たとえばその日本のシステムはフランスから取り入れたもので、ドイツのシステムとは根本的に両立しない、というのであれば、やはり紹介しても使えない。そこで、たとえば、日本のシステムをここだけこう変えればそのドイツのシステムでも導入可能だ、などというところまでくれば、初めてある程度意味のある学説になる。でもそれでもまだ足りないのです。そういう学説を入れて日本のシステムを修正した場合、理屈ではそういう修正が可能だとしても、現在の日本のシステムでやっている実務にはどういう影響があるのか。社会を混乱させることはないのか、変えたらよくなると言えるのか、そういうところまで検討して初めて本当の意味で役に立つ学説になるのです。なかなかそこまでの学説はないのですけれども。

実は現在の民法債権関係の改正でも、学者が自分の頭だけで考えた改正提案が多々あって、現実の紛争解決をしっかり念頭に置いていないものとか、この実務への影響のシミュレーションが不足しているものが結構見受けられます。日本の民法学者は、どうも、解釈論の精緻さに比べると、こういう立法論というか立法学においてまだまだ未熟であるという感じがします。この点は、私はちょうど現在発売されている『世界』という総合雑誌に書いておきました[13]。

ですから、君たちが解釈論の論文を書くという場合には当然学説もいろいろと引用することになりますが、でもそういう学説の格付けがあるのだということも理解しておいてください。後でまた注のお話をしますが、なんでもたくさん引用すればいいというものではないのです。

学説の情報ソース

さて、法学情報処理的に言うと、その場合の学説の情報ソースは、論文とか判例評釈などです。論文は、各大学の紀要とか、法律雑誌などから引用します。いわゆる詳しい体系書を挙げるのも、通説は、といって代表的なものをいくつか挙げるのに体系書を引くのはいいですが、学説のオリジナルとかプライオリティが問題になるところでは、やはりその説が最初に出された論文や判例評釈を引いてください。たとえ学部卒業論文のレベルでも、解釈論を扱っている論文でたとえば私の民法入門書である『スタートライン』のシリーズなどを引かれると、こっちが困ってしまいます。学習の情報ソースと研究の情報ソースは、そういうところでしっかり区別してください、ということです。

一次資料と二次資料

もう一つ、資料の扱いということで必ず言っておかなければならないのが、一次資料と二次資料というお話です。判例にしろ、学説にしろ、他人がダイジェストしたものを引いてはいけません。学説については、オリジナルのニュアンスが引用者によってかなり変えられてしまっている場合もあります。オリジナルの論文を読んでみたら、相当違うことが書いてあるなどという経験を私も何度もしたことがあります。判例の事実関係でさえも、判例解説書の、当該判例の解説執筆者による要約では、解説者ご本人の問題意識で事実関係がピックアップされていて、大事な事実が抜け落ちていることもあります。

ついでに言うと、判例データベースも盲信してはいけません。ＰＤＦ収録のものでない限り、データベース作成会社による変換ミスがあったりしますし、何よりも、データベースはオリジナルの判決通りではないのですよ。判例雑誌でも個人名は仮名となっていますが、データベースではなおのことプライバシー保護などの見地から、当事者名が一切載っていないものがあります。しかしプロ的にいうと、当事者が金融機関とか信用保証協会とかがわかるだけで、紛争の性格がつかめるものもあるのです。資料の評価は奥が深いということも知っておいてください。

論文作成のプロセス⑤——論文構成（章立てを考える）

そこで話はようやく論文の書き方に戻ります。資料を読み込んでいってある程度論文の書くべき内容が見えてきたら、論文の構成を考えます。いわゆる章立てを作るわけです。ここにも各人の論文で何を論じようとするのかの意識が見られなければなりません。序説で本論文の問題の所在を書き、第一章で判例法理の展開を書き、第二章で学説を分析し、とただ章立てを書いただけではだめで、その章で何のために何をやるのか、というところまでを意識して章立てを作る。そして、各章の記述で、設定した問題の解決が一歩一歩進んで行って、最後の章の私見に結びつくというわけです。したがって、この章立てが一応できると、その各章の書くべき内容にしたがって資料を読み込み、その結果足りないとわかった資料をさらに集める、という作業が繰り返されていくということになります。

ここで一つ具体的な注意をしておきましょう。古い雑誌論文とか判例集をコピーするときには、必ずコピーの最初の一枚にでも出典を書いておく癖をつけてください。

最近の法律雑誌などには、欄外に雑誌名と号数、頁番号、場合によって雑誌の刊行年月などが書いてあります。けれど昔のものにはそれがないものがほとんどです。したがって、コピーを取った時は、雑誌名、巻号、刊行年などを最初のコピーにメモしておくのです。そうしないと、その資料を論文に使って、いざ注を付けるときに、どこから取ってきたものかがわからなくなってしまうのです。大審院や最高裁初期の公式判例集のコピーをする場合も必ず巻号をメモしておくようにしましょう。

　ついでに言うと、同様に単行書をコピーする場合は、奥付のページも取っておくと便利です。

論文作成のプロセス⑥——論点メモ・あらすじ作成（注もメモする）

　さて、これでいよいよ論文は執筆段階に入ります。ただ、ここではまだ書き始めないでください。昔はここで原稿用紙が出てくるので話がよりはっきりしていました。つまりこの段階ではまだ原稿用紙のマス目を埋めはじめてはいけない、ということなのです。それぞれの論旨のポイントになるメモを作り、またポイントのあらすじを書いてみてください、というわけなのですが、この段階がパソコンになって一番楽になったところです。

　というのも、かつてはこの段階で、ノート派とカード派が分かれまして、メモ書きをいわゆる大判の大学ノートに作っていくのか、B６とかA５くらいのサイズのカードに作っていくのか、という話になったわけです。ノートのほうが散逸しにくい、でもカードのほうが後で使う順番に並べかえやすい、などということで好みが分かれました。

けれど今は何のことはない、ただ使っているパソコンに打ち込んでいくだけです。後で順序の差し替えなどは自由にできるのですから、昔と違ってこの段階が大変楽になった。古い世代にとっては羨ましい限りなのです。

けれども、それだけ、今の人のほうが文章整理が雑になっている傾向がある。そして、ここで一番言っておかなければいけない、今の人のほうが気を付けなければいけないことが、インターネット上の文章のコピーアンドペーストです。

いいですか、他人の書いた文章をそのまま持ってきてはいけません。これは著作権侵害です。また、教育の世界では、たとえ許諾を得たからといって、先輩の論文を写していいというわけにはいきません。注意したいのは、わざとではなかったといっても、このメモ作りの段階で、いろいろなホームページやブログから引いてきた文章をメモに貼り付けて、後でそのまま自分の文章に混ぜ込んでしまうということが容易に起こりうるということです。普段から、地の文つまり引用部分でない文章については、自分の言葉で書くことを心掛けてください。

それから、法律特有の話として、判例や学説を一字一句変えずに引用するということがありますが、これは全く別の話です。これについては後で注記のところでまとめて解説します。

その注についても、本文のメモを作るこの段階で、必ずメモを作っておいてください。後回しにしておくと、後で苦労してまた資料を探し回る羽目に陥ります。

論文作成のプロセス⑦——下書き

さあ、これでいよいよ論文の下書きにたどり着きました。と言っても、昔はここで、手元のカードを並べなおして文章に作っていったわけですが、今はただ画面の上でメモをつなげていくだけの作業です。それで大変な勘違いが起こるのです。

いいですか、作っておいたメモなどを画面の上でつなげたものは、決して完成原稿ではありません。ただの「下書き」なのです。この段階のものを平気で完成論文として提出してくる学生がいます。とんでもない話です。

まず、その下書きを一応全部紙に打ち出してください。パソコンの中のデータのままではだめです。スクロールしながら画面を読むだけでは、ちょっと前の記述に戻りたいなどという作業が、紙ベースのものほどスムーズにできないからです。ですから、その打ち出したものを持って、図書館に行ってください。ここがポイントです。

論文作成のプロセス⑧——第三段階の資料集め

ここが大事なノウハウです。君たちが、書き上げたと思ったのはまだ立派な「下書き」なのですから、図書館に着いたら、静かな席で、その下書きをもう一度読んでください。論証の足りない部分や論理の運びの稚拙な部分が絶対に何か所も目につくはずです。そうしたら、迷わず、もう一度それらの部分についての資料集めをするのです。この、私の言う第三段階の資料集めが、学生の論文のレベルでも、確実に優秀作と駄作とを分けます。真面目に論文を作ってきた人なら、下書きを読み返した時に、必ず「ここまでできた」という実感と「ここまでしかできていない」という実感が交錯するはずなのです。ここでする第三段階の資料集めが、しっかりした論文を仕上げる必須の作業だと私は思っています。

そしてそこで、法学情報処理の授業で得たノウハウが生きる。いったんは見つからないと思った資料も少し工夫をし、やり方を変えると見つかる。図書館情報学の田村先生がそういうことも教えてくださったでしょう。それに、自分の中の問題意識が高まると、第二段階の資料集めの時とは違ったアプローチができて、必要な資料にたどり着けるということもあるだろうと思います。それらの資料を使って、論文は完成に向かうわけです。

論文作成のプロセス⑨――清書・注完成

さあ、ここまできてようやく昔の手書きの時代でいえば原稿用紙とか論文用紙が登場したわけです。

文学の世界では今でも書下ろし五〇枚の小説などと表記することがありますが、これは二〇字二〇行の四〇〇字詰め原稿用紙での話で、今でも四〇〇字換算で長さを表しているわけです。私たちが学生の当時は、二〇字一〇行の二〇〇字詰め論文用紙というのを使っていました。法律はもちろん縦書きで、横書き論文用紙というのがようやく登場してきた時代です。

この清書が手書きの昔は大ごとで、修士論文くらいになると、大げさでなく三日三晩くらいかかったものです。けれどもその難行苦行の中で、一枚ずつ清書していきながら、やはり文章のわかりにくいところ、主語述語のかかり方の変なところなどを見つけ出しては書き直していくので、結果的にはよりこなれた文章になっていった気がします。

今の人たちは清書といっても、下書きを画面で直し終わればそれでイコール清書も終わりです。そうすると、どういうことになるか。ダメな文章がダメなまま残ってしまうのです。それを防ぐためにはどうしたらいいか。私がやっている方法をお教えします。もう一度全部紙に打ち出してください。印刷代を惜しまないこと。我々の時代の論文用紙代と清書の手間を考えたら、ずっと安いものです。そして、赤ペンを持って、打ち出した紙を読んでいってください。疑問点が出てきたり、誤字が出てきたら、手書きで、赤字で直してください。最後まで赤を入れたら、パソコンのデータに戻って、その赤字を打ち込んでください。実は私はこの作業を、三回くらい繰り返すのですが、君たち学生諸君も少なくとも一回はやっていただきたいと思います。これで、一応本文は完成ということになりました。

「注」のつけ方、「注」の意味

ここで、先ほど予告しておいた注についてまとめてお話しします。私は、法律学の論文の注について、マナー・エチケットのレベルからそれ以上のはるかに重要な意味までを持つものと書いています。ここでは、お手元に配布した私のエッセイ、「研究倫理と悪意」を見てください。これは、日本学術会議の機関誌である『学術の動向』の二〇一四年八月号に書いたものです(14)。本文は例のSTAP細胞の話で、日常用語でいう悪意と法律用語でいう悪意の違いなどから論じているものですが、私がここで読んでいただきたいのは、その注のほうです。お手本になるというほどのものでは決してありませんが、注記の一例と考えてください。注記の技術、つまり論文を一重の鍵カッコで書籍を二重の鍵カッコでくくる等のことはすでに昨年の授業でお教えしました。ここでは、引用する情報の評価、つまり、新聞記事は伝聞であり要約であるのでそういう評価でしか使ってはいけないとか、あくまでも一次資料つまりおおもとの資料を探してそれを注記する、などのノウハウを確認していただきたいのです。たとえば判例の事実関係の引用も、判例解説書の要約を引いてくるのではなく、一審、二審の判決文そのものにあたるとか、学説の引用も、他の教科書からの孫引きではなく、その学説の最初に出された論文や判例評釈をあたる、ということです。

法律学特有のこととしては、たとえば判例や学説を一字一句変えずに引用して、引用箇所を必ず鍵カッコでくくって注を付ける、ということがあります。学説についても、その表現が重要な場合はそこの文章を鍵でくくってきっちりそのまま引用し、注記には、執筆者名、論文名、掲載雑誌巻号頁、必要な場合は刊行年まで入れて、注の末尾は○○頁、とします。逆にその学説の趣旨とか考え方を書く場合には、引用部分を鍵なしで自分の言葉で書いて、注記の末尾には○○頁参照、と「参照」の二文字を入れる。こういうこともお話ししました。

判例評釈の場合も、最高裁判例の判旨を分析するなどというときには、一字一句引用を変えてはいけません。たとえば、判決文に「何々等」と書いてあるときは、「等」にも意味があるので、取ってはいけないのです。例文にすぎませんが、「借地借家法では賃借権等が保護される」という文章があったときの「等」は何ですか。法科大学院志望者ならすぐに答えられなければいけません。地上権ですね。これは借地借家法でいう借地権という概念が賃借権と地上権を指すからですね。

ここは一般には、先ほど述べたように、他人の書いた文章をそのまま論文に使うと剽窃になるから必ず少しでも変えないといけない、という指導がされるところですが、法律では全く異なるところです。その代り、引用部分がはっきりわかるようにすべて鍵カッコでくくるわけです。判例評釈というのは、そういう用語の定義の厳密性の上に立って、判決の文章表現のニュアンスや背景までを考える作業ですので、文学とはまた違った意味で、日本語表現を究極まで追求する営みということになるかもしれません。

百科全書が教える真理と理性と想像力

さて、もう一度『百科全書』に触れる時間がありそうです。これも、塾図書館からお借りした、百科全書第一巻の口絵をご覧ください。これは、挿絵画家コシャンの原画（一七六五年）をもとにプレヴォという画家が一七七二年に制作した銅版画といわれていますが、女性らの群像として描かれている、中央の一番上にベールをまとっているのが真理です。そのベールを脱がせようとしているのが理性、理性が轡（くつわ）を持って制しようとしているのが神学なのです。そして、右の後ろ奥に半分隠れたように描かれているのが記憶力、それに対して左の目立つところで、ベールを外されようとしている真理に花飾りを差し出しているのが、何だと思いますか。これがイマジナシオン、想像力なのです。

私はこの口絵は、その人物の位置関係も含めて、非常によくできていると思っています。記憶力と想像力の位置づけも、この辺が適当でしょう。そして、真理のベールを外そうとする理性と、そこに花飾りを差し出す想像力、これこそ論文を書くという作業のシンボライズされた形だと、私は思っています。

巨匠のひと筆——法学情報処理が教える究極のポイント

さて、最後にお話しするのも、法律の話ではなく絵画の話です。皆さんが誰でも知っているだろう印象派の巨匠ルノワールは、人物画、ことに女性を描いた作品を多数残しています。その中でも、あどけない少女を描いたものに彼らしい秀作が多いと言えるでしょう。そのルノワールの作品を実物で見ているとわかることです。

彼は、少女の目の、瞳の部分を何重にも塗り重ねて描いているのですが、ある時期から、その描き上げた瞳の中央に、二、三ミリの微細な白い絵の具の塊を、塗るのではなく「置いて」いるのです。これは初期のものには見られません。いつから、ということまでは素人の私は突き止めていませんが、私がパリのフランス国立東洋言語文明研究所、これはかつてパリ大学東洋語学校と呼ばれていたところで、名称がInstitutなので研究所と訳されますが、実質はいわゆる外国語大学です。ここに招聘教授として教えに行っていた一九九二年からの半年間に何度も通ったオルセー美術館で、印象派の展示室に入り浸っているうちに発見したことです。たとえば二〇一三年に日本でも公開された米国クラーク美術館のルノワールコレクションでいえば、一八七五～七六年頃の作品にはこの瞳の一点はまだ見られず、一八七九年制作とされる「うちわを持つ少女」から後にはこれが存在します。もちろんその瞳に打たれた一点の白が、ルノワールの描く少女のあどけなさを一層引き立たせているのです。

「それって結局、少女漫画の瞳の星ですよね」と君たちは言うかもしれません。しかし、何色もの絵具を使って丹念に描き上げた瞳に、最後の最後に白い微細な絵の具の塊を乗せる。その巨匠のひと筆とその意識を、私は自分の論文書きでも真似たいと思うし、君たちにもそれを勧めたいのです。つまり、これでいい、完成だ、と思った論文に、もう一度資料集めをして最後の加筆をする。そのことこそが、学問という、真実を、真理を掘り出す作業の本質ではないかと思うわけですが、「法学情報処理」の真髄は、まさにその意識を植え付けるところにある。これが、本日の講義の最初に予告しておいた、この科目を学ぶ真の意味なのです。

完成した、と思ったところでさらにもうひと筆。まだ何かあるんじゃないか、ともう一度の資料集め。おそらく、いや、間違いなく、その最後のひと筆を付け加える意識が、二流と一流とを、そして一流と超一流とを分ける、と私は思います。

そしてこの世の中には、一流の画家もいれば一流の法学者もいるし、「一流の法学部生」もいるのです。君たちには、この最後のもうひと筆の意識で、レポートや論文を書く癖をつけて、ぜひ「一流の法学部生」さらには「超一流の法学部生」になってほしい、と願っています。そこまで進むことができた人、そこまで進む意識を持った人は、将来どんな職業についても、大成すると私は信じています。

伝えておきたいことをすべて語り尽くせはしないのですが、そろそろ終了のチャイムが鳴ります。「巨匠のひと筆」を君たちに贈る最後の言葉として、この日吉最終講義を結びたいと思います。ご清聴ありがとうございました。さようなら。

（注1）Andre Dunes, Documentation Juridique, Dallz, 1977. 出版年は筆者の留学の前年であり、フランスでも当時最新の著作であったことになる。
（注2）池田真朗「「法学情報処理」の現状と課題」法学教室九一号（一九八八年）三四頁。
（注3）鷲見洋一『『百科全書』と世界図絵』（岩波書店、二〇〇九年）三九頁以下参照。
（注4）これらの訳は鷲見・前掲注（3）五〇頁による。
（注5）現代のフランスでは Jurisprudence イコール「判例」という用語法が確立しているが、古語では Jurisprudence イコール「法学」という意味で使われていたといわれる。この jurisprudence の新旧の意味については、たとえば Lexique de termes juridiques, 5e éd., Dalloz, 1981, p.251.
（注6）原文は Sciences des Lois, ou Jurisprudence と、Lois の後にカンマがあるように見える。そうすると、現代的に訳せば、「法律の学問、または（すなわち）判例」となりそうであるが、これでは内容的に明らかにバランスが悪い。したがって、鷲見・前掲注（3）『『百科全書』と世界図絵』五〇頁では、「法律の学問または法学」という訳語を採用しているが、この古語の語義を採用して訳出していると思われる。
（注7）NHK放送文化研究所編『ことばのハンドブック〔第二版〕』（NHK出版、二〇〇五年）一二二頁。
（注8）まず明治八年から明治二〇年までの覆刻として、明治前期大審院判決録刊行会編『明治前期大審院民事判決録』1～13 I（三和書房、一九五六年～一九七六年）がある。この刊行会のメンバーは我妻栄ほか一一名であるが、その中には慶應義塾大学の手塚豊博士（明治法制史）、田中實博士（民法）が含まれている。
（注9）中村明・コラム「ことばの食感」朝日新聞二〇一四年四月一二日付b三面。
（注10）吉行淳之介は昭和二二（一九四七）年に新太陽社という出版社に入社し、清瀬病院で肺切除の手術を受けて療養中の昭和二九（一九五四）年に『驟雨』で芥川賞を受賞する。
（注11）大審院判決録明治二四（一八九一）年一月～明治二九（一八九六）年一〇月の覆刻版は、文生書院から出ている（一九八六年）。なお明治二八年九月からほぼ一年間の分は「大審院判決録別冊」とあり、別冊は東京法学院刊の覆刻である。結局明治二一年から二三年の分が覆刻されていないことになる（こ

の点は慶應義塾大学メディア・センターにご調査いただいた。記して御礼申し上げる)。

(注12) 池田真朗編著『判例学習の **A to Z**』(有斐閣、二〇一〇年)六一頁以下。

(注13) 池田真朗「民法(債権関係)改正作業の問題点―「民意を反映した民法典作り」との乖離」世界(岩波書店)二〇一五年二月号二五八頁以下。

(注14) 池田真朗「研究倫理と悪意―法学者のエッセイとして」学術の動向二〇一四年八月号七六頁以下。

【補注】 この点について、本書校正段階で、鷲見洋一慶應義塾大学名誉教授よりご懇切なご教示をいただいた。それによると、**jurisprudence** については、「法、法律に関する学」という用例としては一五六二年に初出の例があり、一方今の「判例」に近い意味も一七世紀末には記録されているが、一八世紀の『百科全書』の項目執筆者は、二つの語義を示しつつ、なお旧来の語義を遵守しているとのことである。このご教示については、別途詳細に紹介したいが、ご学恩に対し深甚の謝意を表する次第である。

わが民法学と国際活動
——国連、フランス、ブラジル、カンボジア

（退職記念講演）

はじめに

北居先生、ご丁寧なご挨拶をありがとうございました。司会の青山さん、平さんにも御礼申し上げます。本日は多数の皆様にお越しいただき、本当にありがとうございます。私は今年一月から、グレード別の最終講義という形で、日吉キャンパスの法学部法律学科第二学年配当の「法学情報処理」、三田キャンパスの法学部法律学科三・四年生配当の「民法債権総論」、そして法科大学院の「金融法務ワークショッププログラム」、と慶應義塾における最後の講義をしてきました。しかしそれらはいずれも平日の当該科目の授業時間に行いましたので、ゼミの卒業生を中心に、週末に別途最後の講演をしてほしいという要望があり、本日は、ゼミ関係者だけでなく、広く一般の方や平日の最終講義においでになれなかった方々にもご参加いただけるよう、この最終講演を設定したという次第です。

そしてこれが慶應義塾大学の専任教授としての本当に最後の講義になります。ただ本日は、一般の聴講の方々が大勢いらっしゃる一方で、塾法学部専任者の先生方や、他大学の先生方、前三田法曹会会長の鹿内徳行先生をはじめとする弁護士の皆さんなど、専門家の方々も多数お見えです。したがって、皆さんに等しくご満足をいただくためには、実は非常に難易度の高い講演になろうかと思います。

一点だけ、最初にお許し願います。私は、いつもの授業では、電波時計を持って時間ぴったりに終える主義なのですが、今日だけは、少し盛り沢山に準備してしまいましたので、一〇分程度オーバーする分量になっています。最後の教壇に免じてお許しいただければと思います。

三田五一七番教室

会場には、私のこだわりで、この五一七番教室を選ばせていただきました。それはもちろんここが、私が毎年ずっと債権総論を講義してきた講義室であるからですし、さらにいえば、私がかつて慶應義塾の経済学部生であったときに、すでに名誉教授であられた高橋誠一郎先生の、八八歳での経済学史の講義を聴いた教室であるからです。高橋先生という方は、経済学史の研究者であって、塾長代理をされ、文部大臣をされ、浮世絵の収集・研究でも名高く、学士院会員であって日本芸術院院長、東京国立博物館長を務められたという、比類のない博覧強記の碩学でいらっしゃいました。九七歳で亡くなられたのですが、今日では考えられないというか、制度的にもおそらくありえないことに、九〇歳を超えてもなお慶應義塾の教壇に立たれておられました。

その高橋先生が、毎年決まって、この五一七番教室で講義をされていたのです。ご高齢の高橋先生は、いつもこの五一七番のすぐ外のところまで自動車でおいでになりました。そしてあちらのドアからまず運転手さんが入ってこられて紫の風呂敷に包まれた先生の御本『経済学史略』を教壇に置かれ、そのあと高橋先生が杖を突いて教壇に上られるという、儀式のように始まる授業でした。しかし講義が始まると、古今東西の経済学者の論評など、お話は縦横無尽にまさにとどまるところを知らずに展開されたのです。

ですから私としても、高橋先生の足元にも及ばないながらも、六五歳の定年というのはまだまだ若造で、一人の学者の研究・教育活動としては、単なる通過点にすぎない。それを認識したうえで、お世話になった慶應義塾の教壇を降りる際には、ぜひこの五一七番で講義をまっとうしたい、と考えたわけです。

しかし一月の債権総論の最終講義の際には、履修者も多いので、四六〇人収容のこの教室では入りきれなくなるという心配があって、三田キャンパス最大の、かつて五一八番教室といった、現在の西校舎ホールを使わせていただきました。そこで、今日こそはこの五一七番で皆さんにお別れを言うことにしたという次第です。

というわけで、今日は本当に多数の方々にお集まりいただいたので、文字通り満席になってしまい、皆さんにはいささか窮屈な思いをさせてしまって申し訳ありませんが、ご容赦いただきたいと存じます。

本講演の狙い

そこで、この講演の狙いですが、単に私が世界のこういうところに行ってこういうことをやってきました、というお話では意味がありませんので、それぞれの国際活動が私の民法学の形成にどのように役立ったか、あるいは、私の民法学ないし民法学者としての基本的な考え方がそこでどのように実践されたのか、ということをお話しして、いわばこれまでの三回の最終講義のバックグラウンドを明らかにする機会としたいと思っております。

というわけで、やはりある程度時系列的にお話を進めたほうが分かりやすいと思いますので、最初の一九七八年から八〇年の、パリ第I大学留学のところからお話しを始めることにします。私はすでに留学出発前に、フランス民法からボワソナード旧民法を経由して日本民法に取り込まれた規定を研究するということで、債権準占有者に対する弁済と、債権譲渡をテーマとして研究を始めておりましたので、留学先は迷わずフランスを選んだわけです。

留学——福澤基金でパリ第I大学へ

私の最初の留学は、ある意味で恵まれすぎた機会の与えられ方でした。というのも、現在では慶應義塾でも若手研究者が留学の順番待ちといった状態になっているのですが、私の場合は、一九七五年に塾法学部のテニュアーの助手に採用され、同時に助手規程によって博士課程の学生を兼ねさせていただいた。ということはつまり、助手のお給料をいただきながら博士課程の学生にもさせてもらっていたわけですが、その三年間の助手生活が終わるときに、昇任論文審査が通って一九七八年の四月から専任講師に昇任することが決まったその三月、正確には二月の終わりに、慶應義塾が若手研究者に与える留学資金である福澤基金を与えられて、留学してよろしい、ということになったのです。まだ二八歳でありました。ちなみに福澤基金自体は一年間の留学資金ということなのですが、その間給与のほうもいただけるので、最初の留学は本人が申請すれば一年の延長を認める慣例でしたから、みな資金をやりくりして何とか二年間の海外生活を送るということができたわけです。

ただ、当時は慶應の法学部とフランスの大学に研究者の交流の協定などができていなかったので（ドイツにはありましたが）、私は自分で何人かの先生に手紙を書いて、幸運なことにその中のパリ第I大学のジャック・ゲスタン教授から、受け入れの許可をいただいたのです。といっても、これがドイツなら、訪問研究員などというと、少なくとも部屋ないし専用の机が与えられて云々ということなのですが、実はパリ大学は、正教授でも個室を持っていないのです。これも私はパリに行くまで全く知らなかったのですが、大部屋の教授室に教授正装を入れる各人の細いロッカーがあるだけです。個室があるのは、学部長とか研究所の所長だけです。したがって、受け入れをしてくれるというのは、身元保証の attestation を書いてくれるだけなのです。ただこの教授の証明書があれば、それで大学図書館の入館証が作れたり、何より滞在許可証の申請などにしっかり威力を発揮してくれたので、十分有難かったわけです。

留学の第一の成果

それで私は一九七八年の二月に、初めてパリに足を踏み入れました。というか、そもそもこれが初めての外国生活で、文字通り右も左もわからないところから始まったわけです。この留学での第一の成果は、何より、日本に帰ってからのゼミのやり方を身につけたということでした。つまり当時の私は、そもそも慶應義塾では助手は授業をまだ持てないという決まりで、専任講師になって教壇に立つ直前にパリに来てしまったのですから、肩書は専任講師でも、講義経験はまだ全くありませんでした。そこで、パリ第I大学の博士課程の学生として籍を置かせていただいて、いろいろ勉強しようと思ったわけです。というわけで、面接試験を受けて博士課程の学生登録をしたうえで、ゲスタン先生の大学院の博士課程のゼミに出させていただくことになりました。

ゲスタン教授の教育法

そうしたところがこれが大変厳しいゼミでした。ゲスタン先生は、日本でいえばちょうど、二〇一二年に亡くなられた東京大学の星野英一先生のような位置づけになる方ですが、翌週のレポーターを指名すると、その指名された人は一週間で参考文献としてテーズつまり博士論文を一冊ないし二冊読んできてそれを紹介しながら与えられた課題の報告をしなければならない。しかもその報告の仕方についても、報告原稿を書いてきて、かつそれを読んでいないように、聞き手に顔を向けて報告をしなければいけない、原稿は片面に書いてきてそれを横に滑らせるものであって、裏返しにして読んだりするのはもってのほかだ、報告のフランス語はきちんとした表現をしなければいけなくて、合いの手の **bon,**（日本語で言えば、えーととか、じゃあとか）などという言葉は挟んではいけない、等々、細かいところまで大変厳しい。かつ、報告者には容赦ない質問が先生から浴びせられて、院生が立ち往生する、などということもしばしばでありました。

ここまでお話しをすると、私のゼミ、池田研究会の一期生は、なるほどそうだったのか、と思うでしょう。そう、私は、このゲスタン先生の真似をして自分のゼミをやろうとしたのです。

けれども、考えてみればそちらは博士課程の院生です。こちらは日吉で二年間適当に学生生活を謳歌してきた新三年生です。池田研究会一期生は、見事に私のこのとんでもない勘違いの犠牲になるわけです。

ゼミ一期生の教育

ついでに、池田ゼミの教育の事始めのところを少しお話ししておきましょう。池田研究会一期生については、私がパリにいるうちに、師匠の内池慶四郎先生が面接審査をしてくださいました。一六名が応募してきて、先生によれば、みんないい学生だから全員合格とした、というお手紙がパリに来たのです。しかし、その中には、一期生だから上もいないし楽ができるだろうと思って入ってきた人もいたわけです。ところが入ってみると、毎週四〇〇〇字のレポートを書かされるだけでなく、これは私は若気の至りで、恥ずかしながら本当にやってしまったのですが、不十分な報告をした学生に対しては、手を引っ張って「図書館に行って調べなおしてこい」と、教室からたたき出してしまったりしたのです。その結果、一六名が半年で一二名に減ってしまいました。

けれど私は確信犯でありまして、最初が肝心だ、一期生を鍛えておけば、その評判でその後いい学生が来てくれるはずだ、と思ってやったわけです。そして、二期生からの入ゼミ審査の基準は、まず一万字の課題論文を書かせてそれから面接、ということにしました。この一万字入ゼミ論文は内池先生がおやりになっていたものですので、私は、入り口は内池先生、入れてからはゲスタン先生、という指導をしたわけです。当時は毎週の課題について手書きで四〇〇〇字のレポートを全員に書かせ、かつ夏合宿では三泊四日で一日一〇時間勉強させて最終日にはテニス大会までやって、帰ってきてからその夏合宿でのテーマについてまた一万字の論文を書かせる、という指導を始めました。これは慶應義塾の中で、理系はどういうやり方をしているのかわかりませんが、たぶん三田の文経法商四学部の中で一番厳しいゼミだったのではないかと思います。

ただ、私がこれで間違いない、と確信を持ったのは、実は二期生に書かせた入ゼミ応募アンケートの中に、「法学部で一番厳しいゼミだと聞いて応募しました」という一人の学生のコメントを見つけ出したときでした。これが、三四期三五年間にわたる、約六五〇名を輩出した池田研究会の始まりであったわけです。

ボワソナードの足跡を追って

さて、話をこのパリ留学に戻します。私にとってこの留学の一つの目的は、ボワソナードのフランスでの足跡をたどることでした。

いわゆるカルチエ・ラタンにあるパンテオン（汎神殿）と呼ばれる建物の広場に面した、昔のパリ法科大学の校舎（これ自体も大学を指す通称としてパンテオンと呼ばれます）は、現在はパリ第Ⅰ大学と第Ⅱ大学の大学院が共用で使っておりますが、その中のM階段を上がった踊り場に、かつて日本の学者たちが寄贈したボワソナード博士の胸像があります。その胸像とのご対面に始まって、私は留学の最初の夏は、グルノーブル第Ⅲ大学の夏季講座で法律フランス語とドイツ語初級のクラスに出て過ごしました。これもまた、グルノーブル大学がボワソナードがアグレガシオンを通って大学教員となった最初の赴任地だったからです。

グルノーブル大学の図書館では、ボワソナードが同僚に贈ったサイン入りの論文抜刷りなどを見ることができました。そして、夏季講座のエクスカーションは、なんとボワソナードが最晩年を過ごしたアンチーブへのバス旅行で、いわゆるユースホステルに泊まって、そこからカンヌ、ニースなどを回るというものでした。私は喜んでこのエクスカーションに参加し、アンチーブでは観光に行く他の学生と別れて、ボワソナードのお墓に行ったりしました。市営墓地を入ってまっすぐ行った右側に、ボワソナードのお墓はすぐに見つかりました。

こうやって、次々にボワソナードゆかりの場所を訪ねることができ、私は何かこの人とのご縁を感じたものです。帰国してからも私のボワソナード旧民法研究は続き、二〇一一年に『ボワソナードとその民法』(慶應義塾大学出版会)という一冊の本をまとめることができました[1]。これには、一九七五年の修士一年で書いた最初の論文も収録してありますし、一方で最新の各大学のボワソナード研究者の業績を紹介する、九万字ほどの書き下ろし論文も入れてあります。ただ、恩師内池先生には、何度も、君にはいつかボワソナードの伝記を書いてほしいと言われていたのですが、それはまだ果たせていません。

歴史的視座の重要性

それでも、私が大変良かったと思うのは、ボワソナード旧民法の研究、そして旧民法公布後の例の法典論争での施行延期から明治民法の成立の歴史的経緯の考察は、現在進行中の民法（債権関係）の改正の検討にも非常に大きな示唆を与えてくれているということです。

こういう歴史的視点は重要です。まさに温故知新ということなのですが、恩師内池先生のご著書の中の言葉を借りれば、「過去は現在を課題づける」[2]ということになります。私にとって、この考え方をバックボーンとして持てていたことが、現在の民法改正の議論に対しても自分なりにぶれずに対処してこられた一つの大きな理由ではないかと思っているわけです。やはりいろいろな意味で、歴史は繰り返すのです。そしてらせん的に発展していくのです。具体的な例を挙げてお話しする時間がありませんが、今起こっていることを、一つ離れた場所から客観的に俯瞰的に見る目を持つために、歴史的認識は不可欠だと実感しています。

もう一つの留学の成果——パリでの出会い

さて、話をパリ留学に戻します。この留学のもう一つの成果というべきは、現在の早稲田大学総長、鎌田薫先生と出会えたことでした。一月の最終講義でもお話ししたことですが、鎌田総長は、私の公私にわたる友であり兄であるという存在になりました。

池田ゼミと鎌田ゼミは、春の野球大会、秋の合同ゼミで交流を続けてきたのですが、両ゼミの早慶合同ゼミナールは二八年間続き、星野英一先生をはじめとする、我が国の主要な民法学者にはほとんどの方にお付き合いいただくことになりました。ちなみにその中には、民法学者以外の裁判官の方なども含まれており、現在最高裁判所長官をされている寺田逸郎判事（当時法務省）も含まれています。この合同ゼミの歴史は、有斐閣の『書斎の窓』の今年の一月号に「『早慶合同ゼミナール』の終了にあたって―早稲田大学鎌田薫総長との『交遊渉』[3]」という一文を書いておきましたので、そちらをお読みいただければ幸いです。

鎌田先生とのエピソードはたくさんあるのですが、ある時早慶合同ゼミの後のコンパで、私が、「自分の留学の最大の成果は鎌田先生と出会ったことだ」とスピーチをしました。そうしたら次にスピーチした鎌田先生に、「私の留学の唯一の成果は池田さんと出会ったことだ」と見事なジョークで返されてしまったことをよく覚えております。

二度目のパリ――招聘教授として

さて、その後私にとって二度目のパリ滞在は、だいぶ間が空いてしまったのですが、向こうの大学に正規の招聘教授として行く機会ができました。一九九二年から一九九三年にかけてのことで、これは、外務省の「日欧学者交流計画」というものによって、ＩＮＡＬＣＯつまりフランス国立東洋言語文明研究所（かつてのパリ大学東洋語学校）で半年間招聘教授として教壇に立ち、「日本の契約社会入門」という講義をしたのです。ここは名称が Institut なので研究所と訳されていますが、要するにわが国でいう外国語大学に当たるものです。

この交流計画の存在を教えてくれたのは、私の経済学部でのクラスメートで外交官になっていた伊藤哲雄君で、彼は後にハンガリー大使まで務めて退官し、現在は神戸大学の先生になった人です。今日もご出席いただいています。その折に、外務省からは「外国のことを勉強しに行く学者には一銭も出せないが、日本のことを教えに行く学者にはこういう機会がある」と言われて応募したわけです。その交流計画は三年の限定のものだったようですが、ああいう「日本を外国に知らしめる」ための人的資源の提供は、どんどん継続・拡大すべきではないかと思います。スクリーンの写真は、ＩＮＡＬＣＯの入っているパリ第Ⅸ大学ですが、ここはかつてＮＡＴＯが使っていた建物です。

このときは、三年目のリサンス（学士号課程。フランスの大学では学士号は三年で取れるので、日本の大学の三年生か四年生に当たる）の人たちに「日本の契約社会入門」と題した授業をしたわけです。これは、当時のＩＮＡＬＣＯの日本語科の学生たちのニーズが、日本とのビジネスに関わりたいというところにあったのに、実際には伝統的な文学系のカリキュラムが多く、しかも小説を読む授業でも題材が明治の坪内逍遥などという状況でしたので、学生たちには歓迎されたようです。

初回には日本の名刺交換を彼らにやってもらうところから始めました。日本から名刺大の白い紙を持参して、彼らに名刺を作らせて、自己紹介をしながら名刺を両手で持って渡すことを教えたのです。

これは、当時あるフランス企業のトップが、来日した日本企業との交渉のテーブルで、名刺をトランプのカードのように配ったという話を聞いていたからです。そうして、トップダウンのフランスとボトムアップの日本、という企業内の意思決定の違いなどを話してから、日本の民商法の紹介に入るという授業にしたのです[4]。

二〇数人でちょうどゼミのような形で授業をし、仲良くなった学生たちと真冬のパリでテニスをしたりもしましたが、帰国のときには何人かの代表の学生が、アパルトマンに訪ねてきてくれ、その後も、その中から日本の大使館、領事館に勤務する人や、日本人と結婚して東京の会計事務所に勤める人が生まれました。半年間でしたが、結構な成果が上がったのではないかと思っています。

INALCOで得たもの――日仏の基本的な教育方法論の違い

このINALCOで一つ驚いたのは、学生の淘汰のされ方です。つまりフランスの場合、バカロレア（進路別に何種類かある）を通れば、そのバカロレアで入れる学部にはすべて、受け入れ大学の容量一杯までは登録できる。しかも一人で複数の大学に登録することも可能です。したがって一年生は異常に多く、最初の一、二か月は教室はどこもあふれているのです。当時INALCOの日本語科（正確には日韓語科）は一年生は一〇〇〇人以上いて、それが二年生では約五〇〇人に減り、三年目の

リサンスの登録学生は六〇人から七〇人ということでした。そもそもフランスの場合、大学教育だけでなく全体に、よく勉強ができる秀才を多数輩出させるというよりも、一握りの天才を生み出そうという感じの教育システムになっていると思いました。

この点は、日仏の教育の基本的な方法論の違いを考えるうえで大変示唆的です。ただ私は、この日仏の違いを理解したうえで、その両国のいいところを取ろうとしました。つまり、大教室の授業などでは、一部のできる人だけを伸ばすのではなく、教室全体に目配りをしながら、全員平等に目配りをしながら、教室全体のレベルを上げることを目標としましたし、ゼミでは、それぞれがオンリーワンかつベストワンになるように、ゼミ生の個性と希望進路に合わせて、要求水準や教育内容を変えて指導したわけです。

ＩＮＡＬＣＯでは、最後は持参した日本の書籍を図書室に寄贈して帰ってきました。写真はその時のものです。まだかなり若いですね。

いずれにしても、このＩＮＡＬＣＯの招聘教授の経験は、何よりもここから私の意識が、外国に勉強に行くのではなく、外国に日本のことを教えに行くという意識に、さらには何か国際的に役に立つ仕事をするという意識に変わったという意味で、この後の私の国際活動に大変大きな影響を与えたものといえます。

UNCITRAL国連国際商取引法委員会

次は国連の話です。私が国連のUNCITRAL（United Nations Comission on International Trade Law, 国連国際商取引法委員会）にかかわることになったのは、一九九五年の秋に研究室にかかってきた一通の電話からでした。法務省の民事局参事官で外務省条約局法規課を兼務する清水響さんから、UNCITRALで国際債権譲渡条約を作ることになったので、その作業部会（国際契約実務作業部会）に日本の代表として参加してほしいというご依頼でした。春と秋に二週間ずつの出張で、四、五年の予定ということでした(5)。

国際債権譲渡というものには、債権者と債務者が別の国にいる国際債権の概念と、譲渡人と譲受人とが別の国の人である国際譲渡の概念が両方かかわりますが、国によって債権譲渡の優先権確保のルールが異なっていると非常に複雑なことになり、紛争が多発してしまう。そこでそれらを統一した条約を作れないか、ということで、UNCITRALの国際契約実務作業部会がこういうテーマでのセッションを持つことになった。したがって、日本からはその作業部会に債権譲渡の専門家の私に代表として参加してほしいということだったわけです。

UNCITRALは国連総会直属の委員会の一つで、世界の取引法ルールの統一化を図る目的で設置されているものです。ご承知のように、国連本部はニューヨークにあるのですが、実は国連は世界に三つの首府を持っていて、第一がニューヨーク、第二がジュネーブ、そして第三がウィーンなので

す。国連の諸機関はその三か所に分けて本部を置いていて、UNCITRALの場合はウィーンでした。スクリーンの写真の建物がウィーンのUNO Cityと呼ばれる国連の建物で、ウィーン市街から地下鉄で古いドナウ川を渡ったところにあります。

したがって会議は、ウィーンとニューヨークとで交互に開催されることになっていました。一回の会期は二週間です。結果的には私は二〇〇一年の初めまで、一度ニューヨーク開催がウィーン開催に変わったこともあって、都合ウィーンに七回、ニューヨークに五回出張することになりました。

国連会議の雰囲気

そもそもわが国は国連国際商取引法委員会の各作業部会には、基本的にその分野の専門学者一名だけを派遣します。したがって、国連会議初参加の私も、初日こそウィーン国連代表部の外交官に議場まで案内をしてもらえたのですが、その後は一人ぼっちで文字通り日本の代表として議場に座っていなければならなかったわけです。

これはやはりかなりのプレッシャーでした。時差ボケで居眠りでもしていると、日本は参加していないことになってしまうわけですから。

よくテレビなどでもご覧になるかもしれませんが、議場の自分の席の前には、各国の国名を書いたプラスチックの板があります。写真をご覧ください。国名板が少し光って見えにくいかもしれませんが。発言を求める時は、この横になっている国名板を、縦にするのです。それを議長が見つけて、**Japan** と指名してきます。そうしたら、発言の最初には必ず、議長にお礼を言います。これはただの儀礼ではありません。その人が何語でしゃべるかを明らかにするものなのです。ですから、**Thank you Mister Chairman** と言ったら英語で、**Merci, Monsieur le Président** と言ったらフランス語でしゃべらないといけないのです。なぜそれが必要かというと、その第一声を聴いて一斉に同時通訳が入るようになっているからなのです。

国連の公用語は、英語、フランス語、スペイン語、ロシア語、アラビア語、中国語の六つです。私は、恥ずかしながら昔の受験英語で育ち、英語がまともにしゃべれないものですから、英語より少しはましなフランス語で議論に参加しました。でも、もう一五年も経ってしまいましたから、今はとても当時のようにフランス語は話せません。当時は火事場の馬鹿力とでもいいますか、自分の専門の債権譲渡の世界ですから、かえって何とかなったのかもしれませんが、とにかく誤訳されないように、少ないボキャブラリーを正確に発音するように心がけました。

国際債権譲渡条約と日本の債権譲渡特例法

この国連のことでは、少し専門の債権譲渡の話もさせてください。当時UNCITRALの事務局が理想と考えたのが、世界の国際的債権譲渡をコンピューターを使って登録する、世界統一の登録制度でした。けれど債権譲渡については、日本やフランスのように通知か承諾で対抗要件を具備させる国と、アメリカのように契約書をファイリングすることで大まかな優先順位を確保させる国、さらにはドイツのように先に譲渡したものが優先するだけで、公示する制度を持たない国、など様々であったわけです。

ただその時期にちょうど日本では、債権譲渡の対抗要件として、民法の通知・承諾のやり方を、コンピューターで登記するやり方で代替できる特別法が作られようとしていたのです。そして実はその立案に私がかかわっていました。法務省民事局長のもとに作られた研究会で素案作りをしたのが私と立教大学の角紀代恵教授だったわけです。これが一九九八年にできた債権譲渡特例法登記です。ですから一九九五年に始まったUNCITRALの作業部会では、私は極力議論の方向がこの日本の債権譲渡特例法による登記制度と整合性のある方向に進むように気を使いました。そして特例法ができたときには、すぐに法務省に英訳を作ってもらい、次のUNCITRALのセッションで議場で配布して披露したのです(6)。これは、通知承諾型の民法を持っている日本が、登録型の対抗要件制度を作ったということで、事務局やアメリカ代表などからはかなり歓迎されました。

国連の議場で披露した日本の新法

ただ少し細かいことを言うと、日本の特例法登記は、譲渡人を法人に限定したのです。これは、当時メインの用途として考えた債権流動化は、法人でないとやらないだろうという想定のもとにそうしたのと、法務省側には、この登記申請をコンピュータ化したくて、そのためには個人まで入れると当時はナンバー化ができないから、という理由もあったからのようなのですが、配布された英訳を見たアメリカ代表の一人がすかさず、なぜ個人を入れないのだ、と言ってきたのにはびっくりしました。彼が言うには、アメリカではミック・ジャガーのように個人で債権流動化をしている金持ちもいる、ということだったのです。

ついでに言えば、もう一つ感心したのは、日本の特例法の原初規定では、第三債務者名、つまり譲渡される債権の債務者名を登記の必要的記載事項としていたのですが、アメリカ代表はここも目ざとく見つけて、なぜ第三債務者名を書かせるのだ、第三債務者不特定でもいいとしなければ十分活用できないだろう、と言ってきたことです。

これは皆さんには少し説明しないとわからないと思います。たとえば、これからディズニーランドのような巨大レジャー施設を建設したい。その建設資金を、その施設ができたら入るテナントから取れる賃料債権を担保にして調達したい、という資金調達方法を考えてみてください。つまり、施設が出来上がったら取れる賃料債権を引き当てにして、今建設資金を借りる、という将来債権譲渡担保、あるいは将来債権流動化、という取引です。こういう取引の時は、その建物に入るテナントが誰だかわからなくても、こういう建物のこういう区画から将来月々いくらくらい入る、ということがわかれば、つまりテナント料を払う債務者が決まっていなくても対抗要件を具備して資金調達できるようにしなければいけないだろう、ということなのです。これには、さすが債権による資金調達の先進国だと感心しました。日本の債権譲渡特例法も、後に二〇〇四年に動産債権譲渡特例法に拡大した際に、将来債権の場合は、この第三債務者名は書かなくてもよい、つまり登記の必要的記載事項から外す、という修正をしています(7)。

複数年の将来債権譲渡

ここまでお話ししたら、もう一歩、一月二〇日の法学部最終講義も聞いてくださった方はなるほどと思われるであろう話をしましょう。わが国の将来債権譲渡に関する判例法理はどう進展したのか。当時は世界の趨勢からするとまだ遅れていたのです。

将来債権譲渡契約の有効性については、大審院の時代に一般論として認めたものはあったのですが、最判平成一一年一月二九日民集五三巻一号一五一頁、これが、ようやく複数年の将来債権譲渡契約を明瞭に有効と認め、しかも発生の可能性の多寡は契約の有効性を左右しないとまで言ってくれて、実務界の大歓迎を受けたものです（本書三一頁参照）。元号で言うからぴんと来ないかもしれませんが、平成一一年は一九九九年です。この判決は、当時日本の実務界でも待望されていたものでした。というのも、従来は、当事者が一年間の将来債権譲渡の有効性を争って認められた最判昭和五三年一二月一五日裁判集民事一二五号八三九頁しかなく（民集登載判例ではありません。また、最高裁が一年に限定したのではなく、当事者が一年分を争ったという事例です）、当時の実務では、法的根拠があるのは向こう一年間分だけだとして、仕方なく一年分の将来債権譲渡をしていたという状況があったたわけです。

でも、向こう一年間分では足りませんよね。なぜですか。いまの巨大レジャー施設の例を思い出してください。一年ではまだ建設が終わらない場合が当然あるでしょう。そうすると一年後までは賃料債権はまだ現実に全く発生しない。それでは引き当てにできません。だから五年六年先までの将来債権譲渡を有効と認めてくれないと困るわけです。

世紀にまたがる債権譲渡の国際的パラダイムシフト

ＵＮＣＩＴＲＡＬの国際債権譲渡条約作りが始まったのは一九九五年です。私は九六年だか九七年だかの会期で、わざと、日本ではまだ一年分の将来債権譲渡しか認めた判決がない、どう思うか、という発言をしました。そうしたら、議場でたちどころにばらばらと手が上がり、それでは足りない、複数年を認める必要がある、という意見が続きました。私はその答えが欲しかったのです。私はそれを日本に持ち返って紹介していたことがあります[8]。

　ですから、私にとってもこの平成一一年判決は待望の判決だったわけです。そしてこの後平成一二年、一三年と最高裁判決が続いて、日本でも将来債権譲渡に関する判例法理が確立していきます。西暦でいえば一九九九年、二〇〇〇年、二〇〇一年です。というわけで、このまさに二〇世紀から二一世紀にかけてのところで、債権譲渡法理には大きなパラダイムシフトがあった。このあたりを法学部の最終講義では詳しくお話ししました（本書二二頁以下参照）。したがってそのパラダイムシフトを、私は日本の債権譲渡特例法作りと国連の国際債権譲渡条約作りの両方で同時進行で実際に体験していったわけです。これは学者として非常に貴重な、幸運な経験でした。

　スクリーンの写真は、第一回のセッションの最終日に、rapporteur という報告書採択の提案者をして、議長（スペイン代表）の隣に座り、会議が終了した時のものです。各国の代表が握手を求めてやってきているところです。

国際債権譲渡条約の成立と現状

ただ、UNCITRALの事務局が考えた、世界統一の登録制度は、やはりうまくいきませんでした。というのも、条約でやろうとすると、最終的に批准国が拘束される統一ルールになるわけですから、詰めの段階で各国ともが自国の不利益にならないように意見を主張します。その結果、二〇〇一年に出来上がった条約では、譲渡禁止特約とか担保とか抗弁とかのかなりの部分で統一ルールを書くことに成功したのですが、肝心の優劣決定ルールは、付属書ANNEXという形で外出しされて、結局、登録型を先頭に、複数の優劣決定ルールを併記する形になりました(9)。それでも、この部分はいわゆるモデル法としての意味がある、つまり、条約の批准国がどれかの優先ルールを取り、だんだんに有力な一つにまとまっていければ、という、緩やかな統一方向を示すものとしての意味はあるだろう、というわけです。

しかしその後この条約は、いくつかの署名国が出たのですが、まだ発効するだけの国が集まらない状況が続いています。ただ、成立した国連条約ではあるわけで、たとえば今回のわが国の民法債権関係の改正でも、譲渡禁止特約のルールについては、わが国の複雑な要綱案よりもこの国連条約のやり方のほうが、資金調達には向いていると私は主張してきました。実際今回の要綱案のまま法律になったらどうなるか、複雑な改正をしてそれに見合う効果が上がるのか、心配なところがあります。

国際人と日本社会

ひとつおまけのお話をしておきます。国連での議論で私が何を感じたかというと、意見は徹底的に言わないとだめで、わかってくれたろうというのが通用しないのはもちろん、結論を出すまでダメ押しをしないといけない、ということです。

債権譲渡については、日本民法はフランス民法型の対抗要件システムを採用していますから、UNCITRALでも私はフランス代表とは意見が合うわけです。あるとき、英米法にいわゆるproceeds(10)に関する規定を入れる入れないというあたりで、私はフランス代表と共同戦線を張って、朝から半日かけてアメリカの提案を引込めさせようと頑張りました。昼休み前になんとかわれわれの意見が大勢を占めるに至り、昼休みに入るところで、フランス代表が「ようやくアメリカの船から降りられたね」と握手を求めてきたのです。けれども、上機嫌でお昼を食べて午後のセッションに入ったところ、議場の空気は一変していて、アメリカ代表が議論を蒸し返し、それに複数の国が賛成発言を続けるという事態になりました。つまりお昼休みにアメリカ代表が手分けして（アメリカは常時四人代表がいました）有力国に根回しをしたのですね。

こういう経験を重ねていくうちに、私はたぶん日本の学会や教授会でも、同じ感覚で議論をするようになったんでしょうね、後から考えると、日本ではあれは言い過ぎ、ダメを押し過ぎと反省することが何度もありました。

けれども、やはり日本人は国際社会での交渉の仕方をしっかり身に付けないといけないと思います。私は国連の経験をしてから、ゼミでもディベートに力を入れるようになりました。

大学院のプロジェクト科目

もうひとつこの国連の仕事をしてよかったのは、大学院生を育てる機会を作れたことでした。UNCITRALの議事録や総会報告書を素材にして、大学院法学研究科では、池田ゼミOGで国際私法の教授になった北澤安紀さんと共同担当で、「国際債権流動化法」というプロジェクト科目を立ち上げて院生と勉強しました。ここからは、鈴木清貴君（現在愛知大学教授）や、ゼミ卒業生の石坂真吾君（日本銀行）、原恵美さん（学習院大学准教授）らが育ちましたし、さらに国連条約制定後はそれを知的財産法の君嶋祐子先生も担当者に加えた「国際新種契約法」という科目にして継続し、ここからはゼミOBの白石友行君（三重大学准教授、二〇一五年四月からは筑波大学法科大学院）らが育っています。

カンボジアで考えたこと

つぎはカンボジアの話です。これもある日突然研究室に電話があって、桜木和代先生と木村晋介先生というお二人の弁護士さんが三田に来られて始まったものです。

私は、日本政府やその外郭団体の実施している公的な立法支援活動に参加したことはありません。けれども、二〇〇〇年から、桜木先生と木村先生が共同代表を務める、日本の弁護士さんたちの作る任意団体「日本・カンボジア法律家の会」（JJLeague）が行っている法学教育支援活動に加わって、四回にわたってカンボジアを訪れ、私の民法教科書のクメール語版の贈呈式と記念講演を行い、またその折にプノンペン王立経済法科大学などで民法の授業をすることになりました。

不幸な内戦で非常に多くの人命が失われたカンボジアでは、一時、大学で法学を教えるスタッフもいない、教科書もない、という状態になったのです。そこで、過去にフランス法が行われていた関係から（カンボジアとベトナムおよびラオスは、かつての仏領インドシナです）、かなりの程度親和性のある日本民法の教科書を使って、法律学の学習に役に立てていただこうというのが、この弁護士さんたちのグループの発想でした。そこで、故中山研一博士（当時京都大学名誉教授）の刑法の教科書と私の民法の入門書（『民法への招待』税務経理協会[11]）が翻訳の対象に選ばれたのです。最初は、『スタートライン債権法』（日本評論社）を気に入ってくださったのですが、一冊で民法全部という分量から、こちらに決まりました。出版社の税務経理協会も無償の提供を許してくださったので、私は著者の氏名表示だけあればということで喜んで許諾を致しました。

法学教育支援と国の復興

二〇〇〇年暮れにその『民法への招待』のクメール語訳第一分冊ができ、プノンペン王立経済法科大学の講堂で初めての翻訳書贈呈式と記念講演をした折には、カンボジアの司法大臣、教育大臣、在カンボジア日本大使の列席があって、国を挙げての復興のために私たちの活動を歓迎してくれていることを実感したのですが、学生諸君も本当に情報に飢えているという感じで、食い入るような目で聴講してくれました。[12] 写真は王立経済法科大学講堂での記念講演のものです。

その当時、首都プノンペン市内にはまだ道路に信号など全くなく、郊外の小学校を訪問した際には、鉛筆や消しゴムを持ってきてあげればよかったと悔やむような状態だったのですが、数年おきに訪問するごとに復興は急速に進み、鉛筆と消しゴムなどと考えたのが、間もなく恥ずかしくなるような状況になりました。

そしてすでに二〇〇二年の二度目の記念講演では、一年少し前に何もわからずに講演を聞いていた学生さんが、立派なレベルの質問をしてくれました。スクリーンの写真はその二〇〇二年の贈呈式のときのものです。

これらの体験は、私に強い印象と、貴重な示唆を与えてくれたのです。つまり、国際的な支援は、上からの目線で「してやる」ものと考えていたら非常に不遜かつ不適切である、ということです。以前私は、中村哲氏というアフガンで医療活動をしていたお医者さんが、「『国際化』の致命的な欠陥は、下から上を見る視点の欠落である」と書いているのを目にしたことがありますが[13]、非常に示唆的な表現だと思っています。

そして、二〇〇八年に訪問したときには、カンボジアでは日本政府の支援による民法典が出来上がったところでした。出来上がった、といっても、政治組織の完備の具合や市民間の契約慣行の整備の様子からして、民法が実際に施行されて順調に機能するようになるにはまだ数年の時間がかかるのではないかという感じはしたものの、私は講演で民法典の制定を祝い、「これからは皆さんは我々と民法研究の友人になる」という言葉で結んだものです。実際、その後民法の施行に関する法律の整備に手間取ったこともあって、カンボジア民法典の施行は二〇一一年の暮れまで延びたのですが、今後のすみやかな浸透が期待されます。

イエローブックから無料ドメインへ

さて、このお話にはうれしい続きがあります。JJリーグの活動は順調に続き、初回から講演の通訳をしてくれて、翻訳も担当するようになったカンボジア人学生のコン・テイリーさんは、その後日本に留学して研究を続け、現在は名古屋大学の准教授になっています。また、私の誘いで二回目からカンボジアに同行してくれた、私の大学院での弟子である塩澤一洋さんは、現在では成蹊大学で知的財産法と民法を教える教授になっており、ＪＪリーグのメンバーになって、私の後継者として毎年のようにカンボジアに教えに行ってくれています。ＪＪリーグのメンバーになっておられますが、明日にはまたカンボジアへ集中講義のためにご出発の予定と伺っています。

それで、毎回何百冊とカンボジアの大学や裁判官養成所、弁護士会などに寄贈された私の本の翻訳本は、『民法への招待』と同じ黄色の表紙にしたのでイエローブックと呼ばれるようになり――今、あちらの席で桜木先生が掲げてくださっています――、教材として大学で活用されるだけでなく、司法省や国土省の研修などでも使われているとのことで、大変うれしく思っていたのですが、そのうち、プノンペンの本屋さんで海賊版が売られるようになったという困った話が飛び込んできました。無償で寄贈したものが売られて誰かが利益を得るということではまずい。そこで、コンピューターの達人である塩澤さんの発案で、ＪＪリーグが masaoikeda.com というドメインを立ち上げてくださり、そこにクメール語訳の『民法への招待』完訳版を載せてくださる、ということになったのです。ですから、今ではカンボジアの人たちは無料でこのドメインにアクセスして自由に読むことができるようになっているわけです。

立法支援活動の意義とその姿勢

このカンボジアでの経験も、私に非常に大きな影響を与えています。くれぐれも誤解のないように述べておきたいのですが、私は、いわゆるアジア諸国への公的な立法支援活動などを否定しようというのではありません。逆に、日本政府や日本の学者たちが、ベトナムやカンボジア、ラオスなどで行ってきた公の立法支援活動には、非常に意義のある貴いこととして、もろ手を挙げて賛意を表したいと思っています。

けれども、そこで最も大切なのは、まさに、「それぞれの国にそれぞれの民法」、そして「それぞれの国民にそれぞれの民法」という考え方なのであると思うのです。それぞれの国がその国民のために最適な民法典を作る、そのお手伝いをすることが大切なのであって、日本の民法典の内容をそれらの国に押し付けるようなことは、最も戒めなければならないことであろうと私は考えているわけです。

ブラジル――慶應・サンパウロの学術交流協定

もう一つの経験談を付け加えれば、私は、ブラジルを都合五回訪れています。これは多くは慶應とサンパウロ大学法学部の交流協定に基づく行事に参加したのですが、かかわりは時期的にはカンボジアより少し早く始まっていて、一九九八年の移民九〇周年、二〇〇八年の移民一〇〇周年・慶應義塾創立一五〇年記念のシンポジウムや、出稼ぎ問題のシンポジウムなどに出席したのです。一九九八年のときには、東京大学の星野英一先生や北村一郎教授とご一緒し、サンパウロ大学の二宮正人教授のご配慮で、シンポジウムの後でマナウスに行ってアマゾン川でピラニアを釣る経験もしました。

写真は一枚目がサンパウロ大学でのシンポジウムで私が報告をしているところです。二枚目がそのときの日本からの参加者と二宮教授で、中央が私、向かって左側が二〇一二年に亡くなられた東京大学の星野英一先生です。

この慶應義塾大学とサンパウロ大学の学術交流[14]については、近年まで慶應側の責任者を務められた森征一名誉教授の後を私が引き継いで責任者をしてまいりました。直近では、昨年二〇一四年の三月に慶應義塾の訪問団の団長としてサンパウロ大学のシンポジウムに参加し、その後ブラジリアでサンパウロ州高等裁判所を表敬訪問し、ブラジルの最高裁判所を見学してきました。

サンパウロの移民資料館では、笠戸丸などで集団で移民した人たちが、大変なご苦労の中で荒れ地を開墾していったその暮らしぶりなどを実感することができます。その後も日系の人々は、本当によく努力され、二世・三世・四世には、ブラジルの人口比からいうと、日系人に高等教育を受ける人々の数が多いことがデータではっきりと示されているということです。法曹界でも、サンパウロ州の連邦高等裁判所判事となられたカズオ・ワタナベ先生などを輩出している。ワタナベ先生は、サンパウロ大学の教授でもあり、二宮先生とともに慶應との一九七九年の交流開始以来、交流活動の中心になってこられた方で、慶應義塾大学は一九九九年の交流二〇周年記念シンポジウムの際に名誉博士号を差し上げています。

ブラジルという国は、広大で肥沃な国土と豊かな資源に恵まれた、潜在能力の非常に高い大国です。滞在し各地をたずねるとそれを実感します。もっとも、貧富の差は大きいし、サンパウロ市内でも地区によって旅行者の一人歩きは危険とされています。皆さんは、ブラジルについては、日本で就労している人が多数おられることはご承知と思いますが、このいわゆる出稼ぎについては、エンプレイテーラという仲介業者との契約の問題に始まり[15]、日本での就業や子女の教育の問題等、日伯両国で検討すべき法律問題が多数あるわけです。

日伯比較法の実績

さて、この国が、実は比較法的に見ると非常に進んだ面を持つ国であることは、一般にはほとんど知られていないだろうと思います。民法に関しても、フランス法とドイツ法の両方の影響を受けているることで、わが国の議論との比較の意味は大きいのですが、ことに消費者法の分野では、世界の水準から見て（もちろん日本よりも）非常に先進的な内容の法規を持っているといわれています。このブラジルとの消費法の比較の問題は、慶應では、大学院から私が指導し、サンパウロ大学に留学もしてもらった前田美千代准教授（ラテンアメリカ法）が現在やってくれています。

ただ、そのような学理的に見て先進的な法を持つ国ですが、その法が市民に根付いているか、言葉を変えて言えば、市民の法感覚や取引感覚を法が掬い上げている形になっているかといえば、なお疑問があると言えそうです。消費者法の先進性も、学者の意欲的な議論がそのまま実現できる、というかできてしまうという側面もあるようです。これに対して、日本では、多数の利益団体の意見のせめぎ合いの結果、妥協の産物で結局不十分な法規になってしまう、ということを消費者法の分野では聞くことがあります。

もっとも、消費者訴訟に関しては、慶應義塾のサンパウロ交流の主要メンバーの一人である民事訴訟法の三木浩一教授が立法に参画した日本版クラスアクションを、最近ブラジルでの類似の立法に携わったワタナベ先生らが立法の参考にしたという話もあります。そういう意味では、このサンパウロ大学との交流は、非常に実のある交流ができている。サンパウロ大学法学部と最初に交流協定を結んだ日本の大学は慶應義塾なのですから、この関係はこれからも大切にしていっていただきたいと願っています。

ブラジルで考えたこと

ということで、南米屈指の大学であるサンパウロ大学法学部には優秀な学者がたくさんおられる。そして、ブラジルでは日本よりも先に行っている法律もある。ただ、それらの法律がブラジルの現在の市民社会に適合的か、あるいは、市民のニーズを的確に反映しているものか、というところでは若干考え込まざるを得ないところがあります。もちろん、ブラジルの立法に携わる法学者や役所の方々も、ブラジルの国と市民にとっての最適な立法を心掛けておられるはずです。ただ、法律が社会の慣習や取引形態をリードするのか、社会が法律を作らしめていくのか、という問題がここにもあるということは指摘できようかと思うわけです(16)。

そしてこの市民と法の関係性、という問題は、実は市民社会の成熟度の問題に強くかかわるのです。そしてそれは、民法のような私法の基本法を考える場合には最も重要な問題になる、と私は感じています。

実際、その法と市民の関係性、市民社会の成熟度が、ここまでお話しした、カンボジアの場合、ブラジルの場合、そしてわが日本の場合と、それぞれに異なるということを、私は実感として強く感じているわけです。

勿論、わが日本の市民社会についても、十分に成熟したといえるのか、といういわば自己点検評価の問題がここには出てまいります。そのあたりも含めて、岩波の『世界』の今年二月号に「民法(債権関係）改正作業の問題点――『民意を反映した民法典作り』との乖離[17]」と題する論考を掲載した次第です。

国際活動から得た「民法観」

以上お話ししてきたことからすると、私が自分の国際活動から培った視点というものが、私の現在の「民法観」の形成に大きな影響を与えているということが、結論として言えそうです。つまり、たとえば現在進行中の民法（債権関係）の改正論議に関していえば、私が言いたいことは、次のようなことになります。国際的に見て「優れた」と評価される民法を持つことは、もちろん大変結構なことである。しかし、学問的に最先端ということが、すなわち「優れた」ということではないと私は考えている。現在のその国の市民とその活動を最適に補佐できる民法が「優れた」民法なのであると思うのです。

それに加えて、背伸びするばかりでなく、足元を見る必要があります。全面的に見直すのだからこの際将来を見据えて考える、というのはもちろん悪いことではない。けれども、現在の日本民法典が、諸外国の民法典とくらべて、「後れているところ」があれば、それを今次の改正によって改良するということが当然、最重要課題としてしっかり行われなければならない。一番後れているのが明瞭なのは、諸外国の民法典と比べて「あるべき規定がない」というところであろう。まずそういう規定の洗い出しから入るべきということで、私は現在、日本民法典が諸外国の民法典から見て一番後れている、すなわち今まで規定を全く持っていなかった、債務引受と契約譲渡（契約上の地位の移転）の部分に着目しています。「債権譲渡から債務引受・契約譲渡へ」という論文も二〇一三年に書いたところです[18]。

戦後日本のパラダイム

ここで少しだけ、時代を振り返る話をさせてください。私が、慶應義塾の教員としてやってきたこの四〇年と言うのは、どういう時代であったのか、ということです。

パラダイム（paradigm）という言葉があります。もともとは一九六〇年代に自然科学の世界で提唱された概念なのですが、現在では広く、「ある時代や分野において支配的規範となる物の見方や捉え方」などという意味で使われています。そしてこの、支配的な物の見方や捉え方が、時代の変遷につれて革命的・非連続的な変化を起こすことを「パラダイムシフト」と呼んでいるのです。

そういう観点で見るならば、第二次大戦直後の日本というものは、物質的にだけでなく精神的にも、それまでの価値観がすべて壊された、壮大な無の世界であったということになるかと思います。私は昭和二四年、一九四九年の生まれです。幼稚園の頃は、まだランニングシャツにズック靴で、道路で野球の真似事をしていました。皮のグローブが買ってもらえない子は、布製のミットやグローブを使っていた頃です。

そこから戦後日本の経済が再生し始め、高度成長期がやってきて、庶民はテレビや電気洗濯機のある生活になった。ただその頃、学問の世界はどうあったのかというと、法律学についてとくにそうだったと思うのですが、まだ戦前の権威主義的な、偉い学者がご高説を垂れるという基本的な構造が残っていた。今という時代から当時を大づかみに見れば、庶民の生活意識が戦争直後の無から一定の価値観を形成し始めた時に、まだ学問の世界は戦前からの権威主義を引きずっていました。例の学生運動は、六〇年安保、七〇年安保と、政治のメルクマールで語られるけれども、一九六〇年代の学生運動の高揚には、やはりこのような、戦後生まれの学生の意識と、学問世界の基本的な考え方との大きな乖離が原因としてあったように思うのです。

そして、学生運動が最大の高揚期を迎えたのが一九六八年から六九年です。六九年一月に東京大学の安田講堂の占拠が解かれ、その後大学立法反対のストライキが終焉して、学生運動は沈静化し、六九年の一一月頃から全国の大学でも普通に授業が行われるようになっていくわけです。

学問世界における「遅れてきた変革」

けれど、結局何も変わらなかったのかというとそうではない。戦後の何もかがゼロレベルになった時とは比べ物にはならないかもしれないが、やはり、学問世界においては、研究・教育の在り方に一定の変革があった。そこからわが国の学問世界の新しいパラダイム形成が始まった、と私は思うのです。戦争直後に変わりそこなった学問世界の根本的変革が、遅れてここから始まったといってもいいのではないかと私は思います。

と言うと、何か評論家的な他人事の話に聞こえるかもしれません。けれども、そうではありません。実は私にとっては、まさにこの時期が、ほかの人以上に決定的な影響を与えた重大な人生の転機、意識の転換期であったのです。そのあたりのことは、最後にお話しすることにしましょう。

民事法の一大変革期

さて、私が、慶應義塾の教員としてやってきたこの四〇年間の後半になって、私の専門の民事法の世界では、さらにもう一つ大きな変革の時期を迎えます。それが、二〇世紀の終わる一九九〇年代から、元号でいえばちょうど平成年代に入ってからの民事大立法時代への突入なのです。

基本法である民法それ自体を含んだ民事諸法の修正や新しい立法が続くようになるというのには、それ相当の大きな社会の進展や変革がなければなりません。その要因としては、社会の①情報化（電子化）、②国際化、③高齢化の三つが挙げられるように思われます。

具体的にこの時代の民法関係の改正や新立法を挙げれば、一九九一（平成三）年の借地借家法制定、一九九四（平成六）年の製造物責任法制定、一九九八（平成一〇）年の債権譲渡特例法制定、一九九九（平成一一）年の無能力者制度の改定、成年後見制度の創設、任意後見契約に関する法律の制定、二〇〇〇（平成一二）年の消費者契約法の制定、二〇〇一（平成一三）年の電子消費者契約特例法の制定、中間法人法の制定、二〇〇三（平成一五）年の担保執行法制の改正に伴う民法の一部改正、と本当に目白押しの状態になったわけです。

民法典の現代語化

そして、二〇〇四（平成一六）年には、民法典の現代語化改正が実現しました。このときは、カタカナ・文語体だった民法典の条文を、ひらがな化・現代語化したのですが、保証の部分を除いては、実質的な修正はなく、一〇か所ほど、判例法理の確立したものを取り込む補正にとどめました。この現代語化は、星野英一先生を座長としてほかに七人の学者が原案づくりの委員会に参加したのですが、私もそのうちの一人であったわけです。ちなみに私学出身者としては私が唯一のメンバーだったのですが、後に星野先生は、私を選んでくださった理由を、「文章に対する感覚が鋭い人だから」と雑誌のインタビューで語ってくださっていて[19]、大変恐縮した次第です。この現代語化案を作る作業の中でも、たとえば確立した判例を条文に取り入れるということについて星野先生が示された、判例の射程範囲を慎重に考える姿勢は、大いに勉強になりました。

この、民法の現代語化と、それをもたらした要因の分析については、私の編著の『新しい民法―現代語化の経緯と解説[20]』をお読みいただければと思います。

いずれにしても、私が国内外で学者として活動してきたこの四〇年は、社会のさまざまな場面で、パラダイムの転換があった時代ということができるでしょう。

というわけで、本日ご紹介した、さまざまな国際活動の経験は、自分の民法学を形成する糧になったと同時に、こういう変革の時期に自分の民法学をどう確立していくか、自分の学問姿勢をどうゆるぎないものにしていくかということのヒントを得る機会でもあったというわけです。

現役生へのメッセージ――若い頃に本格的に悩むべき

さあ、そろそろこの最終講演もまとめに入る時間になりました。この機会に現役学生諸君にいくつかのメッセージを残したいと思います。恐縮ですが、少し自分のことを語りながらアドバイスをさせてください。

就職や進学でいろいろ悩んでいる学生諸君は多いです。けれど最近の時代の君たちの悩みは、どちらかというと、平和な時代に何不自由なく生きてきて、大学三年生くらいになっても、自分はこの先どう生きて行ったらいいかわからない、目標が見つからない、という悩みなのです。それは私に言わせるとやっぱり甘いです。人間、早いうちに本格的に悩んだほうがいいです。

実は私は、大学入試段階で、自分の備えが不十分だったために時代の波に翻弄されることになって、精神的に非常に追い詰められたのです。ここから先は、ゼミの学生たちにも話したことがないことです。

私は、自分で言うのもおかしいのですが、比較的早熟で子供の頃は成績もよく、中学では生徒会長もするような優等生だったのですが、そのまま進んだ高校では文芸部で詩や小説を書いたりしていて、そこそこの成績は維持していたものの結局浪人することになり、あわてて身を入れて受験勉強をして、まぐれですが秋にはS予備校の全国公開模試で七千八〇〇人中の四〇番という成績を取るまでになりました。そうしたら、安田講堂で東大の入試中止という出来事にぶつかるわけです。

そこで私は自分でも驚くくらい精神的にガタガタになって、何も手につかない状況に至ってしまったのです。けれどもそこから私は、必死に考えました。何がいけなかったのか。大学で文学の研究者になってゆくゆくは文筆業で身を立てて、などと安易に考えていた将来設計が、やはり甘すぎる自己評価と、何より自分以外の組織や世間の評価に頼ったものであったというのが原因だろう。そして大学生になって数か月してようやく出した結論は、ここから先は、頼れるのは自分だけだ、他人に頼ってはいけない、世の中の権威というものに頼ってはいけない、というものでした。

しかし反体制とか反権力という方向には向かいませんでした。入学した日吉キャンパスは、六月から大学立法反対のストライキで封鎖になり、同期生の中にはヘルメットをかぶって占拠した校舎に立てこもった人も多かったのですが、私は自分の中の価値基準を立て直すことで頭がいっぱいだったのです。それに、学生運動の高揚は、私が予備校通いをしているときにピークになり、いわば私は遅れてきた世代に入れられたということでもあったのです。

でも面白いですね、人生は。人間、信じられるのは自分の力だけだ、と思い定めて道を開いていくと、逆にいろいろ助けてくださる人が出てくるのです。

わが「市民目線」の学問

その虚無感の中で、結局頼れるのは自分だけ、だったら自分の思いに忠実に、後で振り返って悔いのない生き方をしよう、と思い定めました。そこで、大学一年目には、学者になりたいという初心を貫くために、経済学で学問の道に進めないかと、あれこれ読み漁ってみたりしたのですが、これがどうにもぴんと来ない。ここから先は経済学部の先生方には申し訳ないのですが、目の前で起こっている大学紛争の現実――先ほどお話ししたように、実際には私が大学生になった時には沈静化に向かわされていた――を見て、マルクス経済学などに入り込む気は起こらない。かといって、費用極小・利潤極大というテーゼの上に立つ近代経済学の理論（すみません、当時はそのように単純に理解していました）には強い違和感がある。人間がみなそのように合理的な行動をするだろうか、という疑問です。話が飛びますが、実際これは、後年私がマンション建て替え要件緩和の区分所有法改正の法制審議会部会の委員をしたときに、法と経済学畑の委員が、建物の耐用年数などで絶対に建て替えたほうが得だという場合には全員が賛成するはずだと主張したのに対して、一人暮らしのご老人なら、いくら建て替えたほうが有利だといわれても、余生をここで何事もなく静かに暮らしたい、何のハンコもつきたくないと思う人がいるはずだ、と反論したところにつながっています。つまり学部一年生の当時から私には、もっと生身の人間が見える学問がしたい、という思いがありました。

そしてそれと同時に、権威主義的な学問はしたくない、あくまでも市民目線で、人はどう生きていくべきなのか、社会の中でどう行動するものなのか、を考えていきたいと思っていました。この考え方はその後今日まで私の中で強固に貫かれることになったわけです。

たかが教師の一言、されど教師の一言

そんな次第で、当初考えていた文学の世界に進まず、また入った経済学部にも身を立てるべき分野が見つからない、ということで、必死に自分の生きる道を探していろいろな授業に出ている中で、これだと思ったのが、実質的に民法の内容を詳細に講義してくださった、当時法学部教授の林脇（髙鳥）トシ子先生が担当された経済学部の「法学」だったのです。

そして私は、毎回のように質問に行っていた法学の授業の最終回が終わったところで、教壇のところで、林脇先生に人生相談を持ち掛けました。私は経済の学生だけれども法律学で身を立てたい、私にできるでしょうか、とお尋ねしたわけです。

考えてみると、教師にとっては、そんなことを相談されても、と反応するような話です。けれどもその時林脇先生は、少し小首をかしげて考えられた後で、どこをどう見込んでくださったのか、「あなたならおやりになれるかもしれません」とおっしゃってくださったのです。そのお言葉に力をえて、私は経済のゼミを取らず、法律のゼミに入れてもらうことにしました。この段階で、私は民間企業への就職の道を自ら断って、法律学者への道を選択したということになります。あそこで逃げ道を作っていたら、今の自分はないでしょう。

ちなみにその後今年まで六五〇人ほどのゼミ生を育てましたが、その人たちを見ていても、やはり逃げ道を作っておいた人は結局その逃げ道、つまり、広い、誰でも進める道のほうへ進むことになる

ようです。

それにしても、あの時林脇先生が、「どうでしょう、おやめになったほうが」とおっしゃっていたら、絶対に今の私は存在しません。私の債権譲渡研究もなければ、池田ゼミもない。私のゼミの六五〇人ほどの卒業生の人生も、また違ったものになっていたかもしれない。それだけ教師の一言は重いのです。人の一生を左右します。けれど、それでも言うべきときには言ってやらないといけないのです。

たかが教師の一言、されど教師の一言です。その一言を、正しいタイミングで、正しい内容で言って、適切に背中を押してあげるには、やはり、普段から教師は一人ひとりの学生をしっかり観察していなければならない。それは楽なことではありません。けれども、そうやって性格まで把握して、肝心な時に背中を押して差し上げた学生諸君の、その後の成長と成功のドラマを見せてもらえることが、大学教員という仕事の最大の醍醐味だと私は思っています。

人生の最大の岐路

さて、あまり自分のことはしゃべりすぎずに、ここでやめたほうがいいのかもしれません。けれども、今日が慶應義塾の教壇に立つ最後の機会です。今まで私がゼミの卒業生にもほとんど話したことのないことを話しましょう。人生の最大の岐路で、私がどう行動したか、そうしたら何が起こったか、という話の続きです。

只今申し上げたことからすれば、私は当然林脇ゼミを受けるべきだった。けれども、林脇先生の入ゼミ選考は筆記試験だった。私は一発勝負の筆記試験で法律学科生と競って万一いい成績が取れなかったらどうしよう、と考えたわけです。経済学部から法律のゼミに入れてもらうのだから、失敗は許されない。そこで、民法のほかの先生を調べたら、内池ゼミが論文と面接だった。論文なら、時間をかければなんとかそれなりのものはできるかもしれない。それで図書館に潜って内池先生の論文を片端から読んでみたら、その文章に魅了された。そこで内池ゼミを受けることにした。と、ここまでは私はときどきゼミ生にも話し、文章にも書いています。今日はそこから先の話です。

入ゼミ論文を書くことにした私はどうしたか。学年末試験も終わった春休みです。論文の提出締切は二月末だったか三月初めだったでしょうか。まず、五つほど挙げられていた課題の中から、「時効制度の意義」を選びました。そして、図書館で、吾妻光俊先生の同名の論文などをコピーし、参考書をいろいろと借り出して、その足で、三田の学生部に行ったのです。今は学生生活センターとかいうのでしょうか。そこで、大学が契約している安い民宿を紹介してもらったのです。季節外れのがらんとしているところがいい。それで、房総の岩井というところだったと思います。夏は海水浴目当ての合宿を受け入れる、普段は魚屋さんをやっている民宿の別棟の二階の部屋を借りて、そこに一〇日ほど立てこもって論文を書くことにしたのです。房総とはいってもまだ寒い時期です。炬燵の上のデコラの板は、何度拭いても少し魚のにおいがしたのを覚えています。ここまでは、実はエッセイや短歌にちらっと書いています。

そして一週間くらいたったところで、ようやくこれで書ける、というところまで検討ができました。と言ってもたかが大学二年を終わったレベルでの話ですが、書くべき文章が頭の中にずらずらと浮かぶ状態になって、急いで自宅に戻って、原稿用紙を埋めたのです。

提出した入ゼミ論文は、二年終了時に書く論文としては客観的にみてまあいい出来だったろうと思います。そして、面接で私は初めて内池先生にお会いします。面接では、先生と四年生が質問をするのですが、どういうわけか、愛読書でも聞かれたのでしょうか、ニーチェの『ツァラトゥストラはかく語りき』の話になった。内池先生とずっとニーチェの話をしたことしか覚えていません。

そしてまた恩師の一言

誰にも話していないのはここから先です。ずいぶん年月が経ってから、当時の四年生だった先輩の方々から、その後の選考結果を聞きました。内池ゼミでは、採点や選考まで四年生がかかわります。実は私は、四年生の選考では、不合格だったのです。論文の点は非常に良かったけれど、他学部からの応募だし、面接でもどうも生意気そうだから、ゼミの共同学習に適合的かどうかわからない。それならこの際落としてしまおうという意見が出て、決を採ったら、四票、不合格のほうが多かった。それで四年生の代表が何人かで内池先生に結果の報告に行ったのだそうです。そうしたら先生がなんと言われたか。「それなら私が一人で五票、賛成票を入れる」とおっしゃってくださったのだそうです。ここでもまた、恩師の一言で、私は文字通り救われたのです。

さらに、四月になっておそるおそる林脇先生に報告に伺って、「本来ならば先生のゼミを受けるべきところだったのですが、一発試験でしくじったらと思って、すみませんが内池先生のゼミに入れていただきました」と頭を下げたら、林脇先生が、にっこり微笑んで、「それはいいところにお入りになりました」とおっしゃってくださった。

お二人が大変な仲良しで、私が研究上の父と母をいっぺんに得ることになるとは、私は全く想像だにしていなかったのです。大学院の一年目で書いた最初の論文、「民法四七八条論序説」では、ボワソナード民法の沿革と債権準占有者に対する弁済の議論はもちろん内池先生から学び、フランス法の引用や表記法はすべて林脇先生が指導してくださいました。こういうことは、全国の大学を探してもそうないだろうと思います。

ですから、人生の選択は本当に紙一重なのです。将棋で言えば、どこか一つ手が違えば結果は全く違う。本当に運が良かったとつくづく思いますが、でも、その運を引き寄せる思いの強さ、深さが必要なんでしょうね。一人で二月の房総の海岸に立てこもったあの決断が、その後の人生を引き寄せたかな、と思います。

節を曲げずに

さて、この最終講演もお別れしなければいけない時間になりました。

大学の研究者になりたい、と思った最初から、私は、この仕事には研究と教育との両輪がある、その両方に力を尽くさなければいけない、と思ってやってきました。そしてどうやら、ここまで何とかベストを尽くしてやってこられたようです。

幸い、債権譲渡という、この四半世紀に大増殖を遂げた分野をメインの研究テーマとしたこともあって、二〇〇二年に債権譲渡研究の論文集の第二巻までを上梓したところで、全銀協の全国銀行学術研究振興財団賞をいただき、全四巻がそろったところで二〇一〇年に慶應義塾内部の表彰としての最高賞である福澤賞を受け、さらにいわば研究の外部評価として、二〇一二年には国からの紫綬褒章をいただくことになった。そういういろいろなご評価をいただけたのも大変有難いのですが、何より、市民目線に立って、世のため人のためになる学問をするという思いをここまで貫いてこられたのがうれしいと思っています。

私は、四月からは、これまでも設置準備委員としてかかわってきた、昨年二〇一四年四月開設の武蔵野大学法学部に移って、また新たなコンセプトで研究・教育を続けますが、一九七五年四月に、博士課程の院生を兼ねるという規程のもとに塾法学部助手に採用していただいて以来ちょうど丸四〇年お世話になった慶應義塾の教壇は、この講演を最後に去ります。

今の気持ちは、そうですね、やはり、紆余曲折はあったけれど、ここまでかなりいい人生だった、何とか、学者としての節、これは学説ではなく「ふし」のほうですが、節を曲げずにやってこられた。そして何よりも、慶應義塾はいい学校だった、私は、師と、弟子と、学生諸君に恵まれた、つくづくそう思います。

そして幸い健康にも恵まれ——これは大事なのですよ、学者も他の仕事と同じく、あるいはほかの仕事以上に、体力勝負なのです——、この最終講演も無事に最後までたどり着けました。

本当に、多くの人に感謝しなければなりません。そして、とりわけ、この教室に居合わせ、最後まで熱心に聴講してくださった皆さんに感謝です。私自身にとって一番大事なのは、また明日から、何事もなかったように机に向かって次の原稿を書くことなのですが、今日は、わが人生の節目に立ち会ってくださった皆さんとご一緒に、心ゆくまでこの幸福を味わいたいと思います。皆さん、本当にありがとうございました。

（注1） 池田真朗『ボワソナードとその民法』（慶應義塾大学出版会、二〇一一年）。なお、慶應義塾大学出版会HPには、池田真朗「『ボワソナードとその民法』執筆余話」が掲載されている。

（注2） 内池慶四郎『出訴期限規則略史』（慶應義塾大学法学研究会叢書、一九六八年）三頁。

（注3） 池田真朗「『早慶合同ゼミナール』の終了にあたって―早稲田大学鎌田薫総長との『交遊渉』」書斎の窓六三七号（二〇一五年）三一頁以下。
（注4） 池田真朗「INALCO―フランスにおける日本語教育・日本研究のメッカ」三色旗五四六号（一九九三年）二頁以下。
（注5） 池田真朗「ウィーンUNCITRL出張記」硯洗（慶應義塾大学書道会）五二号（一九九六年）七頁以下。
（注6） 池田真朗『債権譲渡法理の展開』（弘文堂、二〇〇一年）一六一頁。
（注7） 二〇〇四年には、この第三債務者名を任意記載事項とする修正と、将来債権を含む場合には債権総額の記載を不要とする修正、登記情報を商業登記簿にスライド掲載するのをやめて別のファイル（債権譲渡登記ファイル）に掲載するという修正、の三点の改良が施されている。池田真朗『債権譲渡の発展と特例法』（弘文堂、二〇一〇年）一八六頁以下参照。
（注8） 池田・前掲注（6）『債権譲渡法理の展開』一一五頁以下。
（注9） 池田・前掲注（6）『債権譲渡法理の展開』二〇〇頁以下、二三〇頁。
（注10） 池田・前掲注（6）『債権譲渡法理の展開』二二六頁。
（注11） 池田真朗『民法への招待』（税務経理協会、初版一九九七年、現在第四版二〇一〇年）。同書には第四版から、はしがき八頁の口絵にクメール語版の表紙が掲げられている。
（注12） 池田真朗「カンボジアの大学に日本の法律書を―JJLによるクメール語版『民法への招待』贈呈式」三田評論一〇三三号（二〇〇一年）九四頁以下。
（注13） 中村哲『辺境で診る辺境から見る』（石風社、二〇〇三年）二二七頁。
（注14） 池田真朗「『日本とブラジルの法と社会』シンポジウムを開催して」三田評論一〇一六号（一九九九年）五六頁以下、同「慶應義塾大学法学部・サンパウロ大学法学部交流史」塾二八三号（二〇一四年）二頁以下参照。
（注15） 池田真朗＝前田美千代「日系ブラジル人労働者の就労に関する契約法上の諸問題」法学研究七六巻

二号（二〇〇三年）五七頁以下。

（注16）池田真朗『民法はおもしろい』（講談社現代新書、二〇一二年）一二六頁以下、一三二頁参照。

（注17）池田真朗「民法（債権関係）改正作業の問題点――『民意を反映した民法典作り』との乖離」世界二〇一五年二月号二五八頁以下。

（注18）池田真朗「債権譲渡から債務引受・契約譲渡へ」内池慶四郎先生追悼論文集『私権の創設とその展開』（慶應義塾大学出版会、二〇一三年）一二七頁以下。

（注19）星野英一「民法典の現代語化をめぐって――インタビュー星野英一先生に聞く」法学教室二九四号（二〇〇五年）七頁。

（注20）池田真朗編著『新しい民法――現代語化の経緯と解説』（有斐閣ジュリストブックス、二〇〇五年）。

【追記】二〇一二年二月に逝去された内池慶四郎先生に代わって本講演にご出席くださった御令室匡子様と、終了後の池田研究会主催懇親会にご出席くださった鎌田薫早稲田大学総長に、厚く御礼を申し上げます。

付　卒業生に贈る言葉

（二〇一三年度慶應義塾大学秋学期卒業式教員代表祝辞）

（以下に掲げるのは、平成二五年九月一八日に三田キャンパス西校舎ホールで開催された慶應義塾大学九月卒業式において述べた、教員代表祝辞を整理したものである。）

皆さん、ご卒業おめでとうございます。私は、法学部と大学院法務研究科（法科大学院）の教授を兼務している池田真朗です。本日は私が全教員を代表して皆さんに祝辞を述べることになりました。

本日の卒業生の皆さんは、秋入学九月卒業という、時代の先端を行く人たちなのですが、それぞれに充実した大学生活を送り、学問研究にもいそしまれたことと思います。進路はさまざまでも、ぜひどこかにその身につけた専門ならではの知識や考え方を生かしていってほしいと思います。

ただ、卒業にあたって、何かもう少し教わりたかった、という思いはそれぞれどこかにお持ちなのではないでしょうか。一方私は、こうして晴れがましい表情の皆さんを見ていると、教員として、本当にこの人たちに教えるべきことをすべて教え尽くせただろうか、という思いが募ります。この中には法学部で私の授業を聞いたことのある人もいれば、他の学部の方々で、私とはこれが最初で最後の出会いという方々も多いわけですが、その、何かもう少し教わりたかった、教えたかったという一点のつながりで、短い時間ですが、まさに一期一会で、私の話を聞いていただければ幸いです。

私は、一九七五年に法学部の助手になって以来、一貫して慶應義塾で教鞭をとってきましたが、教育の真髄は、二つの点にあると思っています。その一つが、「付加価値」ということです。もう一つについては、後でお話しすることにします。

付加価値というのは、つまり、誰が教えても同じというのでは良い教育とは言えない、ということです。同じ知識でも、いかにわかりやすく、深く、そして忘れにくく教えられるか、というのがまず大事なことですし、その知識をいかに応用して使いこなせるかを教える、つまり単なる知識の伝達ではなく、その情報の意味や必要性を理解させる、ということがさらに重要になります。十のことを教えられた人がそれを五十にも百にも広げて活用できるかということです。そうなってくると、この付加価値をつけるためには、単なる知識伝授の技術の問題ではなく、一人ひとりの学生の人間性の把握も必要になってきます。この人はどういう性格の人で、どういう問題意識を持っていて、どういう進路の希望を持っているのか、というところまでを把握して、その人に合わせた指導をするのです。

そこまでやる大学教員は、世の中にそう多くはないかもしれません。けれども、慶應義塾においては、それはかなり当たり前のことのように思います。たとえば私ども法学部法律学科では、「研究会」と称するゼミナールは三年生四年生の二年間継続で一人の教員が担当します。したがって、半年単位の演習科目しか持たない大学などと比べると、当然、教員は学生一人をよく知るようになります。これは、他の学部でもほぼ似た状況でしょう。さらに、ほとんどのゼミでは、ゼミ合宿や折に触れてのコンパなどで、学生一人一人の資質や性格を把握しての指導をするように努めています。

もちろん、ゼミ合宿をどうやるか、などというのは各教員の自由ですが、たとえば私は三泊四日の夏合宿では、一日一〇時間の勉強をさせて、最終日にはテニス大会をしてコンパをして、帰ってきてからは夏合宿で扱ったテーマについて一万字の論文を書かせる、という、楽しいところもあるけれどかなりハードなゼミ合宿をしています。そういう中で学生一人一人の個性や資質を確認し、またゼミ活動を通じてコミュニケーション能力やディベートの能力をつけさせたりしています。さらに、私の場合は、ゼミ生全員に対して、進路指導の個別面接も複数回行っています。

学期の節目のコンパにしても、ただ教員が学生と飲食を共にするだけでは、付加価値という意味では全く不十分です。私は学部ゼミのコンパでも法科大学院生とのそれでも、必ずゲストや卒業した先輩に参加してもらって、さまざまなアドバイスをしてもらっています。

そしてそういうときも私は、一人一人の学生が周囲の人とどう接するのか、などということを観察しているのです。私の専門分野である法律にかかわる職業でいえば、私はいつも学生諸君に、「弁護士は究極の接客業である」と言っています。クライアントはどういう解決を望んでいるのか、クライアントの言い分と相手の言い分を勘案したら、弁護士としてはどういう解決手段を取るべきなのか、そしてどういう結果に至れば当事者は納得するのか、などと考えていくと、ただ机に向かって条文や判例を暗記しているような人は、万一司法試験に受かっても、決して良い弁護士にはなれないと思うわけです。そしてこのことは、検察官や裁判官についても相当程度当てはまることなのです。どうやったら各人の言い分から真実を探りあてて正しい紛争解決に至れるか、という意味では、まさにコミュニケーション能力や人間観察力が問われるのです。

ですから、教育する側は、そういう能力を身につけさせるような教育をし、また皆さんがそういう能力を自ら涵養するための場を提供しなければならないというわけです。もちろんその「場」というのは、ゼミのようなものだけでなく、皆さんが自主的に活動してきたサークルや体育会なども含まれます。

では、先ほど後回しにした、教育の真髄のもう一つとは何でしょうか、それは、みずから申し上げるのは気恥ずかしい気もするのですが、「愛情」というものです。その人のために良かれと思って教える愛情、これがないと、教育というものは、いくら技術的に優れていても、伝わりません。残りません。つながりません。

この会場には、卒業生のご両親やご家族の方々もみえています。その方々にもご理解いただけると思いますが、やはり、盲目的な溺愛はいけませんが、適切な愛情はしっかり与えられたほうがよいと私は思っています。親から十分な愛情を注がれた人は、自分の子供にも同じように愛情を注ぐのです。同様に、指導教授に愛情を持って鍛えられた弟子は、また自分の弟子にも同じように愛情を注いで指導します。ゼミやサークルで先輩にいろいろ親身に教えてもらった学生は、後輩たちにも同じようにしてあげるのです。

長年この大学で教えてきて、これは真理だと私は思っています。そして、こういう考え方で教育をしている教員は、慶應義塾には私のほかにもたくさんいると思います。

さて、私と君たちはこうして一期一会で話をしています。しかし、君たちと慶應義塾の関係は、一期一会ではなくて一生続くのです。慶應義塾は、社会に旅立っていく皆さんにとって、これからずっと、「いつでも帰れる港」として存在し続けます。もっとも、帰りたくても地方にいたり、外国にいたりしたらそう簡単には帰れない。東京にいても仕事が忙しくてなかなか母校を訪ねることはできない、ということになるでしょう。でもそうであれば、皆さんが慶應義塾のサテライトを作ればいい。それが三田会というものなのです。これだけOB・OGの交流組織が盛んな大学は慶應義塾をおいてない、とよく言われます。考えてみれば、この全国にある、あるいは職場ごとにある、さらには外国にまである三田会という組織は、君たち自身が慶應義塾の教育に与えてくれている、究極の「付加価値」ではないかと思うのです。

もちろん、正式な三田会という組織を作るまでに至らなくても、さまざまな形での卒業生同士の出会いとつながりがあるはずです。たとえば、現在評判になっている『半沢直樹』というテレビドラマがあります。あのドラマの中で、主人公とその仲の良い二人の友人は、皆慶應義塾の卒業生という設定なのですが、実際にこのドラマの制作を担当している福澤克雄さんという方は、福澤諭吉先生のやしゃごに当たる方で、慶應義塾大学のラグビー部が日本選手権で優勝したチームのメンバーであり、フォワードのナンバーファイブを務めていた人です。そして、この人が、原作者の池井戸潤さんの本を全部読んで、それを机の上に積み上げて、初対面の池井戸さんに、この『半沢直樹』の原作のドラマ化権を私に下さい、と頼んだということなのです。そうしたら、実は池井戸さんも同世代の慶應義塾の卒業生で、文学部と法学部を出ておられるようですが、何と福澤さんが日本一になった試合を国立競技場のスタンドで観戦して応援していたというのです。これはお二人がある雑誌の対談で話していることですから本当です。こういう素敵な出会いが、君たちの将来にもたくさん訪れるといいと願っています。

ただし、ただ慶應義塾の縁を頼って「先輩仕事を下さい」ではだめですよ。福澤さんが、池井戸さんの著書を全部読んで交渉のテーブルに積みあげたという、誠意と情熱をお手本にしてほしいと思います。

さて、私に与えられた一五分という時間が尽きようとしています。

最後に皆さんに。こういう慶應義塾の卒業生となったことに、自信と誇りをお持ちなさい。そしてこれからの人生、すべからく進路はご自分で決めて、その決めたことに最後まで責任をお持ちなさい。そしてご自分に自信と誇りを持つ分、他人には寛容に接しなさい。

これが、福澤先生の説かれた「独立自尊」という言葉の、具体的な意味であると私は思っています。全教員の代表として、伝えたいことが伝え切れたどうかわかりませんが、これで皆さんとはお別れです。どうかこれからの人生の航海が幸多いものでありますように。ご卒業おめでとう。

あとがき

私は、一九八九年（平成元年）に三十九歳で教授に昇進し、四十歳の誕生日を迎えるにあたって、私家版の短歌・随筆集『キャンパスの歌』（慶應通信）を出版した。

短歌はもとより素人で、どれも短歌「のようなもの」にすぎなかったが、一首だけ、高名な書家であり尾上柴舟門下の歌人でもあられた、故・宇賀壽子先生（当時慶應義塾大学書道会講師）に褒めていただいた。それが、

二つなき玉を磨きてその中に花穿《うが》つごとき仕事をしたし

という作品である。世の中に二つとない宝玉を磨き上げ、その中に花の彫刻を施すような、そんな論文を書きたい。そういう志を持ってこれからの研究に臨みたい。宇賀先生は、有難いことにこの拙作を色紙に書かれ、額装して私に下さった。

私はこれを長く研究室に飾り、論文を書くときの自らの戒めとしてきた。今は自宅の狭い書斎に飾ってある。

その同じ短歌集に収めたものに、

人の上に人を造らずゆえにこそ民《たみ》と民との法を究めん

というものがある。

短歌というより、単なる意志の表明に過ぎないのだが（ここは法律用語の「意思」ではなく、こころざしのほうである）、あくまでも市民の目線に立って、法の権威とか権力とかとは無縁の世界で、人が社会の中でどう行動し、どう周囲の人々とのルール作りをしていくのかを探究する。そういう研究姿勢を自分に言い聞かせる、ささやかな宣言のつもりで詠んだ。

もちろん、『学問のすゝめ』を著わした福澤諭吉の学塾で民法を研究することの自分なりの意味づけというか、新米教授の気負いのようなものもあったのである。

あれからもう四半世紀が過ぎた。振り返れば、何とか節を曲げることなく、そういう思いを貫いてこの学塾で過ごしてこられた四十年だった。

本書の副題を付した所以である。

池田　真朗（いけだ まさお）

慶應義塾大学名誉教授、武蔵野大学法学部教授・法学部長。前日本学術会議会員。

1949年東京生まれ。慶應義塾大学経済学部卒業、同大学大学院法学研究科民事法学専攻博士課程修了、博士（法学）。前慶應義塾大学法学部教授。

1996年から2004年まで司法試験第二次試験考査委員、2004年から2006年まで新司法試験考査委員（民法主査）。

その他国連国際商取引法委員会国際契約実務作業部会日本代表、日本私法学会理事、日本学術会議法学委員長等を歴任。現在金融法学会副理事長、日仏法学会理事、ABL協会理事長等を務める。

2010年慶應義塾福澤賞を受賞。2012年紫綬褒章を受章。

主要著書に、『債権譲渡の研究』（弘文堂、1993年〔増補2版2004年〕）、『債権譲渡法理の展開』（弘文堂、2001年）、『債権譲渡の発展と特例法』（弘文堂、2010年）、『債権譲渡と電子化・国際化』（弘文堂、2010年）、『ボワソナードとその民法』（慶應義塾大学出版会、2011年）、『新標準講義 民法債権総論』（慶應義塾大学出版会、2009年〔第2版2013年〕）、『新標準講義 民法債権各論』（慶應義塾大学出版会、2010年）、『スタートライン債権法』（日本評論社、1995年〔第5版2010年〕）、『スタートライン民法総論』（日本評論社、2006年〔第2版2011年〕）、『民法への招待』（税務経理協会、1997年〔第4版2010年〕）、『民法Ⅲ―債権総論』（共著、有斐閣、1988年〔第3版補訂2012年〕）、『分析と展開・民法Ⅱ債権』（共著、弘文堂、1986年〔第5版2005年〕）、『基礎演習民法（財産法）』（共著、有斐閣、1993年）、『新しい民法―現代語化の経緯と解説』（編著、有斐閣、2005年）、『民法 Visual Materials』（編著、有斐閣、2008年）、『現代民法用語辞典』（編著、税務経理協会、2008年）、『法学講義民法4債権総論』（共編著、悠々社、2007年）、『法学講義民法5契約』（共編著、悠々社、2008年）、『判例講義民法Ⅰ総則・物権』（共編著、悠々社、2002年〔第2版2014年〕）、『判例講義民法Ⅱ債権』（共編著、悠々社、2002年〔第2版2014年〕）、『法の世界へ』（共著、有斐閣、1996年〔第6版2014年〕）、『プレステップ法学』（編著、弘文堂、2009年〔第2版2013年〕）、『解説 電子記録債権法』（編著、弘文堂、2010年）、『判例学習のA to Z』（編著、有斐閣、2010年）、『民法（債権法）改正の論理』（共編著、新青出版、2011年）、『民法はおもしろい』（講談社現代新書、2012年）ほか。

新世紀民法学の構築
――民と民との法を求めて

2015年4月30日　初版第1刷発行

著　者――――池田真朗
発行者――――坂上　弘
発行所――――慶應義塾大学出版会株式会社
〒108-8346　東京都港区三田2-19-30
ＴＥＬ〔編集部〕03-3451-0931
〔営業部〕03-3451-3584〈ご注文〉
〔　〃　〕03-3451-6926
ＦＡＸ〔営業部〕03-3451-3122
振替00190-8-155497
http://www.keio-up.co.jp/
装　丁――――鈴木　衛
組　版――――株式会社キャップス
印刷・製本――中央精版印刷株式会社
カバー印刷――株式会社太平印刷社

カバー・表紙イラスト：池田真朗
口絵写真：栗山明久、後藤和光

Printed in Japan ISBN978-4-7664-2223-8